U0944063

萧乾 主编

新编文史笔记丛书

第四辑

38

嶺嶠拾遺

陳景舒題

◎广东省文史研究馆 编

●李俊权 黄炳炎 主编

中華書局

目录

宦途掠影

社会随笔

木棉花下

侨事杂谈

文物怀珍

港澳旧闻

文教走廊

科技实业

艺坛漫步

新编文史笔记丛书

序

萧　乾

读书界向来对野史有所偏爱。野史大多是信手拈来的历史片断，且往往出自亲历者之手。文直事核，不虚美，不隐恶，而文笔潇洒自如，意味隽永，自然朴实，篇幅不长；可以摊开来仔细咀嚼，也可供茶余酒后、行旅倥偬中，随手浏览。

鲁迅在《华盖集》中，曾几次对野史表示过好感。在《忽然想到》一文中写道："历史上都写着中国的灵魂，指示着将来的命运，只因为涂饰太厚，废话太多，所以很不容易察出底细来。正如通过密叶投射在莓苔上面的月光，只看见点点碎影。但如看野史和杂记,可更容易了然了,因为他们究竟不必太摆史官的架子。”又在同书《这个与那个》一文中说:“野史和杂说自然也免不了有讹传,挟恩怨,但看往事却可以较分明,因为它究竟不像正史那样地装腔作势。”

全国文史研究馆所编的《新编文史笔记》丛书,内容也属野史杂说的范畴。我们希望这些以亲闻、亲见、亲历为主的轶事掌故、琐闻杂记,写人、事而摒除误会曲解,述历史而符合真实面目。

作为一种短隽有味,文字清奇而又雅俗共赏的文学体裁,笔记在中国具有悠久的传统。它始自魏晋,盛行于宋代。南朝刘义庆的《世说新语》,北宋沈括的《梦溪笔谈》,南宋陆游的《老学庵笔记》,明朝张岱的《陶庵梦忆》,清朝纪昀的《阅微草堂笔记》以及20世纪30年代初丰子恺的《缘缘堂随笔》,都是文学史上的奇葩。然而,近年来笔记乏人问津。因此,我们出这一套书,也包含着挽回颓势之意。

全国三十二所文史研究馆拥有雄厚的稿源,两千多位馆员和各馆联系的社会人士,都是丛书的撰稿人。他们都是文史界的耆宿,见多识广,阅历丰富:有的反对过帝制,有的在“五四”运动中扛过大旗,他们目睹过军阀的横行霸道,也经历过艰苦卓绝的八年抗战。这些历尽沧桑的饱学之士,他们的所见所闻,都是弥足珍贵的史料。

本丛书分辑出版，分别由各地文史研究馆编辑，内容亦以本乡本土为主。因此，各册势必具有浓厚的地方色彩。

本着笔记固有的传统，所收各文题材不嫌庞杂。举凡与文史有关的政治、经济、军事、文化、社会等方面，或记闻见杂事，或叙往昔交游，或忆社会百态，均在搜罗之列。时间跨度则自清末以迄1949年为止。这正是中华民族从闭关自守到走向世界，从落后羸弱到奋发图强，是天翻地覆、风起云涌的大半个世纪。其间，发生过多少可歌可泣的事迹，涌现过多少杰出的人物。以这一时间跨度为背景题材写出的笔记作品，必然是内容最为丰厚的。

在选稿标准上，我们坚持史料一定要真，内容要新；既要防止以讹传讹，也力避炒冷饭。在写法上务求短小精悍、生动活泼。每篇以千字为度，希望借此在文风方面，提倡一下简约。在版式上，则想做到既利于阅读，又便于携带。

恳切希望文史界方家及广大读者，不吝赐正。

孙中山与黄花岗祭典

涂 续

辛亥革命后，黄花岗七十二烈士墓首次祭典，是孙中山先生亲自主持的。

孙中山先生对于历次起义的死难烈士悼念很深。1912年3月，孙中山先生在南京，由他领衔，以九十三人的名义，发出追悼广东倡义先后死难烈士的《通启》，称道烈士"英风簸扬，新局斯造，薄海义烈，群萃穗城"。3月5日在南京举行了追悼会。那时处在南北议和之后，孙中山先生于4月1日解除了临时大总统职务，下旬回到广州。因此，他亲自主持了这年5月15日(农历三月廿九日)黄花岗起义一周年的公祭大典。

这次祭典，孙中山先生亲读祭文。文中有“觥觥诸子，气振风雷，三日奋战，虏胆为摧。昊天不吊，忽然殒踬，碧血一抔，歼我明懿。寂寂黄花，离离宿草，出师未捷，埋恨千古”等句。他在烈士墓地亲植了四棵松树，在黄花岗上植树，应以孙中山先生为第一人。

孙中山先生共有两篇黄花岗祭文，除上述一篇外，另一篇在 1924 年为黄花岗起义十三周年作。这一年的纪念日，他应岭南大学邀请，到校演讲，另派参军长张开儒到黄花岗致祭。这时七十二烈士墓已经修建一新，所以祭文中有“东山之歼，新亭翼然，昔时血骨，今日山川”等语。

孙中山先生于 1921 年为新建的烈士墓题写了“浩气长存”四字。同年 12 月，他为《黄花岗烈士事略》撰写序文。那时孙中山先生“方以讨贼督师桂林”，在繁忙的军务中为烈士事略写序，意在唤起辛亥革命的一代雄风，鼓舞师旅为北伐而战斗。

孙中山禁贩“猪仔”

吕 器

晚清之世，当孙中山在海外华侨间奔走革命时，目击贫苦无告之同胞，被贩至西欧、美洲、南洋等地当“卖身工”，从事奴隶劳动，被贱称曰“猪仔”之苦况。尝叹为“惨绝人道”，曾许下宏愿，俟国事鼎革，禁止“猪仔”出口，为刻不容缓之事。故就职南京后，即颁令外交部及广东都督，从速妥筹禁绝贩卖“猪仔”及保护华侨办法。其中令外交部文如下（见1912年3月份出版的《临时政府公报》第四十二号）：

兹据荷属侨民曹运郎等呈请禁止贩卖“猪仔”及保护华侨各节。查海疆各省，奸人拐贩“猪仔”，陷人涂炭，曩在清朝，熟视无睹，致使被难同胞穷而无告。今民国既成，亟应拯救，以尊重人权，保全国体。又侨民散居各国，工商自给者，亦实繁有徒，屡被外人凌虐，然含辛茹苦，挚爱宗邦。今民国人民同享自由幸福，何忍侨民向隅，不为援手。除令广东都督严行禁止“猪仔”出口外，合亟令行该部妥筹杜绝贩卖及保护侨民办法，务使博爱平等之义，实力推行。切切。此令。

“京陷帝崩”的内幕

温雄飞 文　司　芳 整理

我是在海外出生的华侨，祖籍广东台山。我在旧金山加入了同盟会，曾在檀香山同盟会机

关报《自由新报》工作，还多次陪孙中山先生去对华侨进行宣传演讲。辛亥革命前夕，海外华侨同胞更为关心祖国。于是，我就被派返国联系，领取了华侨捐助活动费美金一千元，由檀香山来到了上海。

到了上海不久，有个广东人李文卿来找我。更想不到的是，通过这位广东朋友，竟然会做出当时轰动香港和广州的以电报代枪炮的所谓"京陷帝崩"的事件。

李文卿是前清秀才，曾任上海道蔡乃煌的幕僚。我在上海见到李文卿时，他只靠为香港《循环报》拍发新闻电报过活。当时在香港共有七八家中文报馆，只有《循环报》有专人在上海拍发新闻电报。其他各报联合组织一个香港报界公会向《循环报》购买电报新闻。广州同样有报界公会，也向香港报界公会买电讯，印发各报发表。因此，李文卿在上海拍发的新闻电报，影响很大，香港、广州的各家报纸都登。

那时，正是武昌起义成功，上海树了白旗，而广东尚未宣布独立的时候，乃想利用李文卿可以拍发电报新闻的优越条件，作出些对革命有贡献的事来。于是我逐渐和他谈论些革命的问题。知他亦倾向革命，我即给他分析广东方面的情况，说现在正是人心思变，清廷官员惶惶不安的时候，如果你由上海拍个使人震动的电报回去，香港和广州各报都登了出来，就等于给清廷开了一炮，说不定能把它轰倒。他很同意我的说法，决定立即拍发一条以“京陷帝崩”为主要内容的新闻电报给《循环报》，说北京已给革命党攻陷，清帝已崩。

电报发出后，《循环报》马上来电给李文卿查询此电的根据。我们复以“京电不通”，香港方面便也不再有电来了。

香港《循环报》得此两电后，乃大印“京陷帝崩”的传单，并在门前用大字标贴，香港、广州各报馆亦复如是。香港同胞热爱祖国向不后人，他们大烧鞭炮，以示庆祝。不两天，在广州的清廷大员就纷纷溜走，到了九月十九日（1911年11月9日），广东就宣布独立了。虽然广东的独立，自有各种促成的原因，但“京陷帝崩”这一个假电报，多少起过一些作用。

孙中山、黄兴与福冈的革命因缘

李益三

孙中山从1894年组织兴中会，到1925年逝世为止，奔走革命达三十年。在这三十年中，在日本活动的时间约占他革命生涯的四分之一，故他曾把日本视同第二故乡。其中，尤其与九州、福冈关系最密切。据孙中山的日本挚友萱野长知撰写的《中华民国革命秘笈》一书估计，当年参加或援助孙中山革命事业的日本友好人士多达三百人。另据陈固亭在《国父与日本友人》一书所列举的显著人士三十一人中，出身于九州地区的占半数以上，且集中在九州北部，仅福冈便有头山满等八人，占了四分之一。同时，上述的三百多位友好人士，很多是玄洋社社员，他们对孙中山的革命事业给予人力、财力和物力等方面很大的援助。该社的总部设在福冈。从而孙中山、黄兴不独跟福冈结下了密切的革命因缘，且和该社社长进藤喜平太也情谊深厚。孙中山曾题赠"明道"二字给进藤社长，黄兴也题赠七绝诗一首给他："沧海横流漫几洲，同群谁与证盟鸥。而今濯足扶桑远，要到昆仑顶上头。"

进藤社长是前任福冈市长，曾率友好访问团多次前来广州访问的进藤一马的父亲，他还清楚地忆起幼年在家里亲眼见过孙中山的情景。

英名留万古　文献表忠贞

刘文澜

辛亥(1911)三月二十九日同盟会领导的广州起义，即黄花岗七十二烈士之役，迄今 80 多年了。重温他们的浩然正气和前期文献，感奋殊深。

殉难烈士从热爱祖国、拯救民族出发，每个人都抱了必死的决心。如方声洞给其父亲绝笔书说:"外患逼迫,瓜分之祸已在目前……男女在世,有建功立业以强祖国,使同胞享幸福,虽奋斗而死,亦大乐也。……他日革命成功,我家之人,皆为中华新国民,则儿虽死,亦瞑目于地下矣。"

冯超骧参加起义前,父病危,初踌躇不敢行,后下决心说:"国事公也,家事私也。吾宁受负父之大罪,不能失此千载一时之机,而终为亡国奴也。"行至中途,得到父逝世凶信,一恸几绝,但仍决然参加起义,奋身搏战,持枪横扫,身负十余伤而慷慨牺牲。

喻培伦先因制炸弹受伤已废一臂,起义前,同志们叫他不要参加,但他奋不顾身,攻督署时猛掷炸弹歼敌甚众,后受伤被执,不屈而死。他们"生经白刃头方贵,死葬黄花骨永香"!

孙中山先生亲撰的《黄花岗烈士事略序》中谈了是役的意义:"满清末造,革命党人,历艰难险巇,以坚毅不挠之精神,与民贼相搏,踬踣者屡。死事之惨,以辛亥三月二十九日围攻两广督署之役为最。吾党菁华,付之一炬,其损失可谓大矣。然是役也,碧血横飞,浩气四塞,草木为之含悲,风云因而变色。全国久蛰之人心,乃大兴奋。怨愤所积,如怒涛排壑,不可遏抑,不半载而武昌之大革命以成。则斯役之价值,直可惊天地泣鬼神,与武昌革命之役并寿!"

领导此役的黄兴手书黄花岗七十二烈士挽联说:"七十二健儿,酣战春云湛碧血;四百兆国

子，愁看秋雨湿黄花。”

邹鲁的《黄花岗七十二烈士碑记》写道：“广州辛亥三月二十九日之役，党人死事者其数不可稽。事后，潘君达微收党人尸七十二，合葬于黄花岗。由是有黄花岗七十二烈士之称。潘君亦党人……于危疑震撼之际，毅然出收死友之骨，可谓难矣。其明年为中华民国元年，胡汉民、陈炯明相继任广东都督，议就当日合葬处修葺而整饰之。方君声涛始募修故墓规模。参议院议长林君森复募建碑亭及纪功坊，俾不致湮没于后也。然欲举当日死事者姓名籍贯一一泐之于碑事至难。盖举事之际务慎密，凡姓名籍贯，同事者非素识不能知，且亦不愿知之。故今日同事之未死者，其能举亦惟素识者而已。夫死事者既不止七十二人，即此七十二人亦不能尽举其姓名籍贯，可不痛欤？经邹鲁、朱太符、林森、胡君毅、何克夫、吴永珊、徐维扬等查核计得五十六人，中有名无籍贯者三人，先行泐之于碑，而留空白，以俟续有所知得以补泐焉。颜曰‘黄花岗七十二烈士之碑’……以为后人流连凭吊之资。……”

胡汉民之《七十二烈士碑记》云：“七十二烈士既葬黄花岗之八年，闽侯林森等修其墓，复与于三月二十九日之役后死者审求先烈之姓名里乘，得五十六人，番禺汪兆铭书而勒诸石，大埔邹鲁为文记其事。越三载，民国十一年春，续得十六人补志之，于是而七十二人者以备。”

孙中山在梅县松口镇

何国华

梅县松口镇是著名的侨乡，也是辛亥革命策源地之一。早在1905年,孙中山组织同盟会,其他一批会员谢逸桥、温靖侯即在松口镇开设体育学堂。它培养了一百多个革命军事人才,其中不少人是参加了1911年广州黄花岗起义。七十二位烈士之中，就有松口镇体育学堂的三位师生:林修明、饶辅廷和周增。

1918年5月21日,孙中山离开广州经汕头赴大埔三河坝视察援闽的粤军。他接受谢逸桥、谢良牧兄弟的邀请,特地率领胡汉民、姚雨平等人,于27日由三河坝乘“西发”号小火轮溯韩江而上。28日下午4时到达松口铜琶村,是晚孙中山等人下榻于谢氏兄弟的“爱春楼”,主人谢逸桥兄弟热情地为他们洗尘。应主人之请,孙中山兴致勃勃地为“爱春楼”起了一副对联:“博爱从吾好,宜春有此家。”(该联影印件至今仍存)书后余兴未尽,又撰一联相赠:“爱国爱民,玉树芝兰佳子弟;春风春雨,朱楼画栋好家居。”两联皆嵌入“爱春”两字。次日(29日),应松口各界人士邀请,孙中山到松口公学(即今松口中学)参观并会见华侨。当时,他又应松口绅商人士之请,即席挥毫“见义勇为”四字。

在松口公学的盛大欢迎会上，孙中山对四百多位师生和各界人士发表演说：分析国内外形势，鼓励大家关心国事，团结一致，打倒帝国主义，铲除军阀，为建立民主、共和、富强的国家而奋斗！会后，同部分师生和各界代表合影留念，并参观了松口图书馆。随行人员告诉他，这里原是革命党人的秘密联络站(即公裕源米店)，辛亥革命后才改为图书馆。孙中山听后，连声说：“好，改得好！这地方要好好保护，要丰富民众的文化生活，给他们多阅读书报。”

孙中山为《三十三年之梦》作序

李益三

1897年，孙中山在横滨与一位主张把亚洲革命与中国革命联系起来，而以中国革命为主要目标的日本自由民权运动志士宫崎寅藏结识。从此，他与孙中山结下了真挚深厚的革命友谊，并以援助孙中山所领导的革命事业作为终生的职志。宫崎寅藏除了协助孙中山筹款、购械和策划武装起义，并介绍日本朝野人士从各方面援助孙中山的革命活动外，为了在日本社会和旅日华侨中，宣传孙中山的革命思想和活动，特把孙中山著的《伦敦被难记》译成日文，改题为《清国革命领袖孙逸仙幽囚录》，在《九州日报》连载发表，并撰文称赞孙中山是“中国罕见的具有才识胆略的人物”。宫崎于1902年，出版了一本半自传的《三十三年之梦》，叙述他的经历，跟孙中山的友谊，并介绍孙的革命历程。因文字内容皆生动感人，被誉为明治时代的一大奇书。1903年，我国即刊行金天翮的改题为《三十三年落花梦》的这本书的节译本和黄中黄(章士钊)的改题为《孙逸仙》的摘译本。章在序言中称赞孙是“近今谈革命者之始祖，实行革命者之北辰……孙逸仙者非一民之私号，乃新中国新发现之名词也……谈兴中国者不可脱离孙逸仙三字。”另一名革命志士秦力山为这本书题词，章太炎则作序诗：“索虏猖狂泯禹绩，有赤帝子断其嗌。掩迹郑、洪为民辟，四百兆人视兹册。”他把孙中山比作刘邦那样的创业和郑成功、洪秀全的后继者。

由于《三十三年之梦》及其中译本所产生的深远影响，我国在日本的三大反清革命派别兴中会、华兴会和光复会，在宫崎寅藏和末永节的奔走联系下，迅即于1905年8月20日在东京组成了以孙中山为总理的中国革命同盟会，建立坚强的反清革命运动的领导核心，加速了我国民主革命运动的进程。

孙中山十分感激宫崎寅藏的革命友谊，特为《三十三年之梦》作序。在序言中，他引述隋代侠客匡助李世民建国的业绩后称赞道：“宫崎寅藏君者，日本之侠客也。尝游汉土，诹访豪俊，欲共图兴亚之大业。闻余有再造支那、创兴共和之志，不远千里，踵门订交，所以期许谆勖者甚厚。”

温生财刺孚琦

吕　器

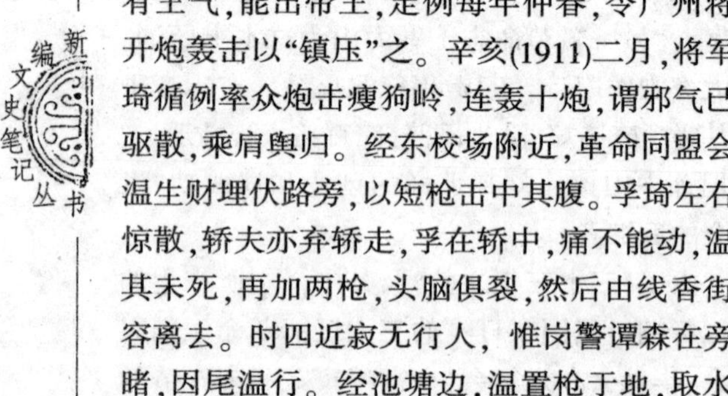

清朝官吏迷信堪舆，以广州城外之瘦狗岭有王气，能出帝王，定例每年仲春，令广州将军开炮轰击以“镇压”之。辛亥(1911)二月，将军孚琦循例率众炮击瘦狗岭，连轰十炮，谓邪气已被驱散，乘肩舆归。经东校场附近，革命同盟会员温生财埋伏路旁，以短枪击中其腹。孚琦左右咸惊散，轿夫亦弃轿走，孚在轿中，痛不能动，温察其未死，再加两枪，头脑俱裂，然后由线香街从容离去。时四近寂无行人，惟岗警谭森在旁目睹，因尾温行。经池塘边，温置枪于地，取水洗手。谭突从背后擒之，解警局，获赏百金，并擢升巡官。武昌起义后，革命同盟会员缉谭支解之，以平民愤。

陈景华办案

李晓云

陈景华，字陆逵，原籍香山县(今中山市)，晚清举人，出任为广西省桂平知县。时两广总督岑春煊招抚大盗陆阿发。陈以陆盗心不改，设法逮陆置于法。岑责陈擅杀投诚，撤职查办。陈遂逃香港，再赴暹罗(今泰国)，任报馆主笔，由是加入革命党。1907年，刘思复谋刺水师提督李准，因装配炸弹不慎，爆炸受伤，事败被捕，判归香山原籍监禁，后由陈疏通获释。辛亥革命后，陈景华返穗任警察厅长。

陈处事多躬亲，凡重要案件总要亲自处理。审讯犯人时，倘怒目而视，严加申饬，则多薄惩释放；反之，苦笑频频，则必枪决无疑。

黑社会中有“百二友”之组织，以白鞋绿袜为记，招摇过市，杀人越货。陈侦知彼辈聚集于黄花岗，暗派员伪装摄影师，为之列队拍照留念。陈即按图索骥，数十日内，横行市面之“百二友”，一一被置之于法。

陈景华每于公余之暇，辄微服私访，不带卫士，到各处巡查警员执勤情况，或征询市民观感。

当年广东严禁白银出口，离粤出境者，只准

携带五十元。每逢周末假日，陈常乘船赴港渡假，船上账房对陈殷勤招待，相处很熟。一次，账房带银逾额，为陈侦知，账房苦苦哀求宽容，陈不为所动，照章处罚，不留情面。

陈景华有感于社会对荏弱女子的摧残，极力筹办女子教育院，择花地黄大仙祠为院址，通令所属，凡有被虐待的婢女、妾侍、童养媳、尼姑、雏妓等投诉，则送院收容，给以教育及授以手艺，以期日后能以自立。女子教育院设以后，成效甚佳，院中学生参加广州运动会，亦多获得锦标，获得社会上赞扬。

讨袁之役失败后，执政之革命党人，尽数撤离广州。但陈不肯离去，一则认为维持社会治安，无私无畏；二则以女子教育院办理未善，不忍放弃。不料，民国二年中秋之夜，为拥袁之粤督军阀龙济光杀害。是夜，龙以邀请陈赏月为名，席间龙出袁电示之。陈知申辩无济，只求白兰地一瓶，饮毕从容就义。

冼星海练字的故事

冼玉清

冼星海在广州念书的时候，我和他有过一段师生之谊。据我所知，星海童年丧父，他母亲感到家无余粮，抚孤不易，同时认为南洋容易谋生，于是便带他去新加坡。她在养正中学当洗衣工人，星海则在养正中学半工半读。星海学习非常用功，成绩特别突出。那时候，他不但已显露出音乐天才，并且还很爱好书法。他每晨磨墨一砚盂，有暇则临摹挥洒，至墨尽为止。字学邓石如，极肯下苦工。因此，养正中学每有筹款会或展览会，多请星海挥毫，写出四屏及对联不少。

这是四十多年前的事了。

养正中学是岭南大学办的。当时岭南大学校长钟荣光想吸收华侨学生，便在新加坡、越南、香港、澳门等地都办了一些中学。1921年岭南大学派教师林耀翔去新加坡为岭大募集华侨学生宿舍建设资金，林氏便把养正中学一批优秀学生带回祖国攻读，星海便是其中之一。他进岭南大学附属中学仍是工读生。他每天抽出两小时，在格兰堂书楼工作，售卖书籍纸笔等物，同时加入“岭南银行乐队”，吹奏直箫。星海就是靠着这两份工作的收入缴交膳费学费。

他在岭南附中读书时，下课后曾到我的书斋问及写字之法。我顺口把歌诀告诉他：“字无百日功，勤学便工。笔执正，墨磨浓，画平企直贯当中，排匀撇捺分西东。”他把这歌诀抄在笔记本上，当时我还不知道他擅长书法，因为他所交的习作，都是用钢笔写的，虽然齐整平正，但未显出毛笔字的气势。其实，写字、作曲、吹直箫三样，都是星海的特长，可惜他的书法，后来为音乐所掩了。日月虽逝，对于这位四十多年前勤学苦练的好学生，我仍然难以忘怀。

曾习经和齐白石

孙淑彦

湘潭齐白石，以诗书画印四绝誉满海内；揭阳曾习经(字刚甫)也以吏治称，更兼诗书画名世，诗名与梁节庵、罗瘿公、黄晦闻齐名，合称“近代岭南四家”。齐曾二人在近代艺术史上都占有一席之地。

1917年白石老人年五十四岁，重到京师，由张篁溪之介，得识在京粤籍诗人曾习经、罗瘿公等，一见如故。时曾习经年正半百，与齐年龄相近，虽经历不同，但艺术兴趣相同。习经在辛亥革命前夕辞官闲居，积俸三四万金，买田于天津，但所买皆咸卤地，不可耕种，遂尽丧其资，贫至以鬻书为生。遭此刺激后，性益崖岸，对人绝少许可，但他对白石老人却独为推重，论其人格画品诗风，称为时流所不可及。1917年冬白石老人回湘潭，习经有诗为赠，曰："纵迹天随似较亲，声名白石拟差伦。菰蒲地远饶严净，风雨秋淫但隐沦。独念灵修终楚服，颇闻高卧比皇人。扫除一室吾何有，待欲江头岸角巾。"(见《蛰庵诗存》)既推重其艺术，也推重其人品。

白石能诗，但不喜倚声。习经固诗词两精，交往中，每促白石为词。后白石偶有染指，则以

为词宜侧艳，与性格不相近而少有所作。然有《南乡·子梦还岳麓山》一首(即“水浅白沙高……”)以清猷畅利而传诵，白石也以“一阙词人”印章自嘲，实则尚有《西江月·重上陶然亭望西山》等词作。而有词传世，习经督促之力不可没也。

番禺叶玉虎于京师翠微山麓四平合辟幻住园，为日后埋骨地。习经与叶交厚，遗著《蛰庵诗存》即叶所序所印。1926 年习经弃世，遗榇运往幻住园，瘗骨其中。事闻于白石老人，也商之于叶，拟日后也埋骨园中，并绘幻住园图为寄意。叶也应诺，白石喜而致函为谢，叶又报以诗四首，有“结邻有约何须买，试写秋坟雅集图”句。1957 年白石老人谢世，其家人卜葬于西直门外湖南公墓中，叶又有诗悼之，曰：“交谊谁亡死卜邻，遗言一诺付埃尘。曾罗也是闲丘垅，谁伴吟风赏月身。”白石老人生前瘗骨幻住园与曾习经相邻之望，终成虚愿。叶诗中“曾”指曾习经，“罗”指罗瘿公二诗家，因罗作古也埋骨幻住园中。

黄乃裳与孙中山

杨安尧

黄乃裳(1849—1924)，字绂丞，又名九美、慕华，福建闽清六都湖峰人。他出生于世代务农的家庭,少时半耕半读。早年加入基督教会,得以接触西方的文化与民主思想,进而提倡西学。戊戌变法时,黄乃裳积极参与,前后八次上书请求施行新政,失败后受株连而前往南洋。黄乃裳以开拓砂捞越诗巫埠,创建新福州而闻名,蜚声海外;但他作为一个忠诚的革命党人,尤其是与中国革命的先行者孙中山的密切联系与深厚友谊却鲜为人知。

黄乃裳是在1900年7月认识孙中山的。当时,黄乃裳与砂捞越当局签订移民垦殖合约不久,来到新加坡筹备回国招募垦农的事宜,适逢孙中山为了营救被捕的日本友人宫崎寅藏,从日本赶来新加坡,住在侨商张永福的别墅晚晴园中。黄乃裳久慕孙中山致力于民主革命以拯救中国的精神,而且此时他仍陷于戊戌变法失败、新政无法施行的痛苦之中,闻讯后,求见孙中山之心愈加迫切。经女婿林文庆介绍,他先后四次前往晚晴园拜访。孙中山给他的印象是“谦冲镇静,学问渊博,满怀悲悯,流露于言动举止之外”。当孙中山得知黄乃裳正在筹建诗巫新福州垦场以及曾翻译过《美国史略》时,非常赞赏敬重,还离座为揖。他们两人愤于清朝的专制统治,致使中国积贫积弱,频遭列强欺凌的现实,从民族的危亡谈到美国的自强。他们对美国首任总统华盛顿都怀着敬仰之情。早在1895年初黄乃裳翻译《美国史略》时,就非常希望中国能有华盛顿这样的伟人出现,以使中国一跃而成为一个富强的国家。他认为华盛顿就是美国的

尧舜。孙中山则敬佩华盛顿领导十三州抵抗英国殖民者,几经艰辛,终于使美国摆脱英殖民统治而成为独立的主权国家。他们的看法一致,谈得十分投机,大有相见恨晚之意。临行前一夕,宴罢夜深,孙中山赠言黄乃裳:"凡人欲为社会国家谋幸福喜乐者,须自始至终贯彻负悲哀痛苦之责。"

结识孙中山并与之深谈,使黄乃裳受到很大的鼓舞,对他坚定移民垦殖的信心以及日后积极投身于民主运动起很大的作用。

梁启超的"广东普通话"

艾　华

梁启超才盈八斗,学富五车,惟有一事引以为憾,就是不善辞令,说话常夹带"啊啊"的习惯语。他自幼生长在南方,以后讲普通话,广东口音很重,也就是所谓"广东普通话"。他曾因此吃了大亏。1898年7月3日(清光绪二十四年五月十五日),光绪帝召见梁启超,依清朝旧制,举人被召见后,当赐入翰林或内阁中书,赏四品衔。但因梁氏的普通话讲得实在差,把"考"说成"好"字,把"高"念成"羔"字,光绪帝虽侧耳倾听,很难听懂,结果只赐他六品顶戴。晚年他在北京清华大学讲学,北京高等师范学校教务长王桐龄教授,十分钦佩梁氏之才学,逢课必至,风雨无阻，但总是高兴而至，扫兴而返，听不到二三成。不过，梁启超也有一次例外，冯玉祥请他到河南开封为冯的部属演说，梁氏登上讲台，环视左右，挽起长袖，感情激动，慷慨陈词，滔滔不尽，挥手顿足，使冯玉祥也为之感泣，其他听众也相继下泪。这是他最得意的一次讲演。可见梁启超不仅笔锋带感情，辞令也有感情，只是因普通话讲不好，使听者打了折扣。

黄遵宪《日本国志》

黄延缵

黄遵宪所著《日本国志》四十卷，其内容包括历史、外交、经济、财政、法律、军事、天文、地理、学术、政府组织、礼俗、物产、工艺等志。每志前有序论，评其得失，较其前后，论其发展前景。薛福成为之序曰："嘉应黄遵宪以著作才屡佐东西洋使职。光绪初年为出使日本参赞，始创《日本国志》一书，未卒业适他调，旋谢事，闭门赓续成之。采书至二百余种，费时历八九年，都五十余万言。余浏览一周，喈曰：'此奇作也，数百年来鲜为之者。'"遵宪殁，新会梁任公为撰墓志铭，有云："当吾国二十年以前，群未知日本之可畏，而先生此书，则已言日本维新之效，成则且霸，而适受其冲者为吾中国。及后而先生之言尽

验，以是人尤服其先见。”又曰：“当为日本使馆参赞也，日本方县我琉球，会觊及朝鲜。先生使者，乘彼谋未定，先发制之。具牍数千言，陈利害甚悉，东人至今诵之。而当时不省，不二十年，二属遂继不保。”

詹天佑留美九年

文　超

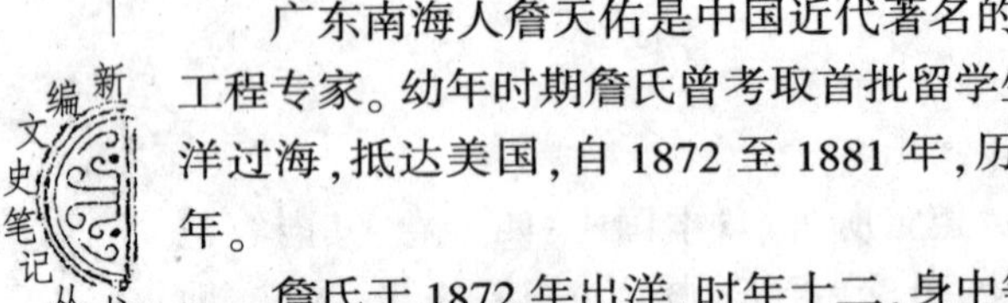

广东南海人詹天佑是中国近代著名的铁路工程专家。幼年时期詹氏曾考取首批留学生，飘洋过海，抵达美国，自 1872 至 1881 年，历时九年。

詹氏于 1872 年出洋，时年十二，身中等，面圆白，留长辫。抵美国后，詹氏和其他幼童分别寄住在美国一些友好家庭中，学习礼俗，专修英文。次年进入康州一间男生学校，与高鼻绿眼的洋孩子一起上课。后考入丘房高级中学，选读几何、拉丁文、代数、三角、自然、哲学、化学等。詹氏学习刻苦，拉丁文成绩极高，对自然科学很感兴趣，毕业时全部学业操行总成绩名列全校第二。他的作业曾在“美国开国一百周年博览会”的教育馆中展出，获大会优异奖。1878 年詹氏考入耶鲁大学理工学院，主修土木工程。此学院入学资格严，功课扎实。詹氏在三年之内曾两次获数学优良奖,容闳在全体留学生面前予以表扬。1881 年詹氏获耶鲁大学的土木工程学士学位,论文题目是“码头起重机研究”。在所有留美学生中仅有两人获得学位。

詹氏平素喜爱运动,尤喜棒球,参加留学生组织的“东方人”少年棒球队,经常与美国学童比赛,现存有一张中国留美学生棒球队的照片,詹氏头戴白帽,手插腰间,精神凛凛。

梁培基是怎样学医的

李以庄

梁培基(1875—1947)是清末民初著名的民族资本家。他始而行医,继而制药、开医院、办医校、办医学杂志,宣扬卫生救国。其后,又经营烟草、汽水、炼奶和热水瓶等制造业,企图与充斥市场的洋货抗衡。他力主中国人买中国货,反对权益外溢。早年曾支持孙中山革命,参与捍卫医权和内河航行权的斗争，支持香港大罢工和大革命,曾被选为省港罢工委员会委员。

他的言行颇有奇特之处。他的父亲梁奕乾,本是一个装船工，在广州市河南有一间装木船的手工作坊，只雇一个工人，自己是主要劳动力,培基是他的第二子,因大子夭折,便希望他继承父业,教他学装船。培基很认真学,但他不装大船，却去做一只模型小船。装成后，其父认为他已学会了全套技术，叫他正式造大船，他却说："这不是我要做的工作。"父亲问："那你要做什么？"回答是："我自己现在不知道。"父亲无奈，便叫他去别人铺子学做生意。初到铺里做个茶童儿，是最低贱的工种。很快就升为伙房里的大师傅，但他不久就回家不干了。父亲问他原因，他还是说："这工作不是我要做的"。再问他："你到底要做什么？"回答又是："我自己现在也不知道。"父亲气得要命，但亦无可如何。

一日，有父执来访，劝他到外国人办的博济医学校学医，他听了很高兴。博济医校是美国人开办的博济医院的附属学校。孙中山也曾在这学校读过书，比培基早几届。培基于 1894 年进博济医校后，十分用功，终于在 1897 年以优异成绩毕业，并被留校任教。后又兼任当时广州市新成立的夏葛女子医科学校药物学教师。同时，他又在社会上挂牌行医。

他终于找到了自己要做的事，踏上了自己理想之途。

以无政府主义者终其一生的师复

李益三

师复(又名刘思复、刘师复),于1884年出生于中山县石岐镇。父亲是秀才,为漠河金矿的创办人。兄弟姊妹七人多出国留学,皆投身于反清革命斗争。1905年,师复在留日期间,加入同盟会。原是民族主义者,后笃信无政府主义。并从一个俄国无政府主义者那里学会了制造炸弹。返国后,除致力宣传革命和提倡女权外,于1907年在广州制造炸弹,图谋暗杀广东水师提督李准。因失慎炸伤左腕,被捕入狱将近三年。1910年获释后,即赴香港组织“支那暗杀团”,以暗杀清吏为己任。在他策划或协助下,1911年在广州先后炸伤了李准和炸毙了广州将军凤山。

民国建立后,师复认为孙中山领导的革命不彻底,薄要职而不为,但继续鼓吹社会革命。1912年,在广州学习世界语的同时,狂热地宣传无政府主义。是年5月,他在西关创立无政府主义团体“晦鸣学舍”,翻印、赠送无政府主义书刊,并出版《晦鸣录》(后改刊名《民声》),宣传无政府主义和世界语。内容精辟,蜚声国际。随后,

他又组织宣传无政府主义的“心社”，制订“不食肉、不饮酒、不吸烟、不乘轿及坐人力车、不用仆役、不婚姻、不称族姓、不作官吏、不作议员、不入政党、不作海陆军人、不奉宗教”的十二条社约，作为无政府主义者修身处世的规范。时人对这“十二不”，称赞者誉为圣人，非难者目为禽兽，但有不少知识分子受他的影响而成为狂热的无政府主义者。师复对社约严谨自持，从西关“晦鸣学舍”到东堤世界夜校，他事必躬亲，无间风雨，必步行到两处办公。

1913年8月，《晦鸣录》遭军阀龙济光查封。师复将该刊的印刷器材迁至澳门，再迁上海，继续秘密出版。同时，他于1914年7月组织“上海无政府共产主义同志社”，发表无政府主义的目的和手段的宣言。广州、南京、新加坡和苏门答腊等地的无政府主义者纷纷响应，相继进行宣传活动，一时影响颇大。

师复身躯已残，但对《民声》从组稿到排印，皆亲力亲为，因积劳成疾，不幸染了肺病。社内同人建议变卖印刷器材为他医病，他坚决反对。医生劝他进食牛肉汁等配合治疗，他宁死不愿违背社约。1915年3月27日师复在上海结束了他传奇式的一生，年仅三十一岁。遗体移葬西湖烟霞洞，在岩石上仍留有“师复墓”三字和墓表的刻文。

当年中国著名的无政府主义者刘师培（申叔），早于清末投靠两江总督端方；李石曾、张继则成为国民党右派，当了大官；惟独师复以纯粹的无政府主义者终其一生。自他死后，后继无人。中国无政府主义运动，随着客观形势的发展,也就销声匿迹了。

陈树人创办侨民教育函授学校

王继棠

20 世纪 30 十年代陈树人先生在南京任侨务委员会委员,长达十六年之久。在职期间,对华侨关怀备至，尤其对华侨教育事业的发展曾付出过一番心血。

陈树人先生眼见华侨教育事业发展困难重重,特别是师资缺乏,曾提出在南京创办国立侨民教育函授学校，招收国外现职的侨校教师为学生,就地提高水平,并吸收国内外关心华侨教育业的青年参加。几年之后,花开果熟,便可组成一支华侨教育业的庞大队伍。

该校于 1947 年初正式开课。陈先生自任校长,聘请国内各大专学校教授任教。著名科学家钱三强刚从海外归来,亦应聘为物理科教授。

该校课程以国内师范大学的全部课程为蓝本,省去外语,不设专业系和选修科,把师范大学中的各系课程改为各科教学,例如国文教学、数学教学等,即省去各系专业的知识部分,着重学习该科的教学方法。凡属教育学范围的各门

科学一应俱全。学习期限四年。

函授讲义均结合当时祖国的教育方针政策，以及华侨教育的特点(例如着重关于爱国主义教育、祖国语文、史地和文化等)，由各科教授编撰。

该校学费全免，仅酌情收邮费、讲义费、参考资料费及杂费等。入学者须先行报名领取试题，参加入学考试，寄回试卷，经评卷合格录取。

1948年冬，该校以国内形势的急剧变化，为使学生能加速完成全部课程，特别提早将全部函授讲义寄出。并要求学生加紧完成作业，寄回学校中批改；写出有关学习心得的论文，寄回校中参加毕业试评分。

该校曾印发同学录，学生达三千多人，遍及五大洲。通过这同学录，使远离祖国遍布全球的炎黄子孙团结起来，也是该校所产生的积极作用。

陈树人先生创办该校在我国教育史上是史无前例的创举，也是他对华侨教育事业作出的创造性的贡献。

孙中山的日本知己

陈　明

南方熊楠是孙中山的一个日本知心朋友，他们是在英国伦敦相识的。

1896年10月间,孙中山在伦敦被难脱险之后,继续住在伦敦,经常到大英博物馆图书馆去借书。当时,日本植物学家南方熊楠,也经常到馆,因与馆里的东亚图书部主任道格拉斯男爵成了莫逆之交。

1897年3月16日,道格拉斯男爵介绍孙中山与南方熊楠相识。自此之后,一直到同年7月2日孙中山离开伦敦为止,两人交往频繁,成了知心朋友。这大概是由于两人都是热烈的爱国者,而又都博通社会科学和自然科学的知识,因而谈起来十分投机吧。

在这段期间内,孙中山曾把兴中会秘密出版的革命宣传品《原君·原臣》(《明夷待访录》中的一篇)送给南方熊楠。

6月27日,南方熊楠请孙中山在他的日记本上题字留念,孙中山当即用毛笔写了:"海外逢知音"五字。

6月28日,孙中山把他翻译的、由伦敦红十字会出版的《红十字会救伤第一法》(英国医生柯士宾著)送了一部给南方熊楠。

由此可见,孙中山和南方熊楠友谊之深。

7月2日,当孙中山离开伦敦前往加拿大的时候,是南方熊楠和爱尔兰人马尔坎(孙中山在伦敦的外国朋友)两人亲自把孙中山从寓所送到维多利亚火车站的。

名人的偏见

贾德坤

清代桐城派古文学家吴汝纶(1840—1903),曾作过曾国藩、李鸿章的幕僚,是曾、李幕府中的核心人物。他虽然是国学泰斗,封建意识浓厚,但对于西方思想,特别是西方医学,却是倾倒之至。曾经在给友人的信中说过:“医学西人精绝,读过西书,乃知吾国医家,殆自古妄说。”他对我国医学遗产,采取彻底否定的态度:自己既不请中医看病,也劝说别人不要相信中医。

1903年,吴汝纶任京师大学堂教习,因患臌胀病,请来当外科医生的美国传教士诊治。医生表示自己是学外科的,对内科无能为力,但吴坚决不同意马上请中医看病,以致病情恶化,不治身亡。

无独有偶,近代学者梁启超(1873—1929),是与康有为倡导变法维新的人物。在他那时的西医,已开始用透视镜检查身体,因此他十分倾向西医。当他晚年在清华大学任教时,偶感腰部疼痛,便到协和医院检查。通过透视,医生认为他患了严重的肾炎,要施用割治手术。当时北京有一位著名中医萧龙友,是一般军政大员、富商、名士所崇敬的大国手,梁启超也和他有交情。梁在决定接受割治手术之前,曾请萧诊视,作为参考。经萧仔细诊察,认为梁的肾脏无病,可能西医检查有误,劝他不可草率受术。梁不以为然,坚持要按西医意见就医。哪知在手术中,果然发现肾脏无恙,确系检查有误。结果因失血过多,身体益惫,不久,梁就与世长辞了。

中山纪念堂的设计者——吕彦直

陈红光

吕彦直(1894—1929),字仲宜,又字古愚,山东省东平县人。1921 年毕业于清华大学后,赴美国康奈尔大学留学。1924 年回国。

1926 年 4 月, 国民党第二次全国代表大会议决,在广州建造中山纪念堂和纪念碑,并组成筹备委员会,登报征求设计方案。当时,应征的中外建筑师二十八人,送选图案二十六份。吕彦直设计出八角形宫殿式方案参选。

吕彦直在中山纪念堂的设计上, 融汇了中国建筑文化和西方近代先进的建筑技术。整座建筑把力学和声学巧妙结合起来, 成为中国近代跨度最大的会堂。

中山纪念堂设计在广州市区的中心轴线,

是孙中山就任第一任大总统时的总统府所在地，具有重要的历史意义和纪念价值。因而，吕彦直特别重视环境布局的总体设计。堂正面设立三拱门楼，顶饰玻璃瓦，庄重而不失绚丽。从正门入，是占地总面积六万三千七百二十平方米的草坪和庭院。堂前中央的白花岗石座基上屹立着孙中山的全身塑像；广场配以云鹤华表和旗标；庭院广栽白兰、桂花、含笑等花卉，从而把庄严肃穆的纪念堂点缀得幽雅多姿，与建筑在堂后越秀山巅的纪念碑前后衔接，更显气势雄伟。

经有关专家、学者在应征方案中评判，吕彦直获选，并被聘为纪念堂的建筑师，主持整个工程。

1929 年 3 月 18 日，吕彦直因病逝世，时年仅三十五岁。

马君武独立特行

刘作忠

马君武，能文工诗，精通英、日、法、德文与西洋科技，为我国获德国工学博士第一人，国人习称其“马博士”。同盟会在东京成立时，马为执行部书记。辛亥革命时，反清志士使用的炸弹、炸药，就是在马君武指导下制造的。南京临时政府成立，马以广西代表的资格与浙江代表王正廷、江苏代表雷奋等一起起草《中华民国临时政府大纲》。

马功勋卓著,然而其修身、治学、衣、食、住、行,处处崇尚俭朴。常年一顶旧呢帽、一袭蓝布长衫,足着一双有绊扣的皮鞋,有时穿一套旧黄斜纹布的中山装上课、办公。平日乘电车或火车,都是三等座位,混杂于下层人士之中。谁能相信这是一位曾做过交通部长、总统府秘书长、省长、大学校长、司法总长等特任官的要员。

抗战初期，马回桂林定居。因其平日无产业,两袖清风,省政府予以顾问之名,并在桂林环湖路为其盖了一栋小洋房，以酬劳其为本省培植青年的功劳。门前由当时省主席黄旭初亲自撰写一联：

种树为培佳子弟；

卜居恰对好湖山。

以彰有德。

马居桂林期间,曾发起改革桂剧。桂戏发源于湖北的汉调。汉调往北经河南中州流入京中,则为京剧;往南流经湖南到桂林,而成为桂剧,教桂剧的师傅大多来自湖南的永州。马君武返桂林后,曾邀集欧阳予倩、徐悲鸿等一起着手改革桂剧工作。除了改进唱词,并引进京剧中动作上的优点,如出场、下场、台步、水袖等的长处。桂剧经过这次大革新，在西南地方戏中独树一帜。

广西大学改为国立时，国民党中央组织部

曾派专员前往该地视察党务。这位大员见马校长衣冠不整,颇有轻鄙之意,随交一份调查表给马君武填写。表内项目很多,马仅填了姓名,其余的项目都没有填。大员要马补填,马仅在"何时入党"一项内写了"同盟会的章程,是我起草的"一句话,即交还大员,并对他说:"办党务,不知党史,如何办得好?速去,研究一番党史再来!"这位刚愎自用的大员只得狼狈而去。

又有一次, 教育部派某督学赴广西大学视察。当集合学生训话时,这位督学要求学生应注重衣着、仪容、礼貌,言外之音,有讥讽马校长不修饰边幅的意思。马君武随即登台针锋相对地说:"有些留学生,专门在国外学打扮、装门面、学跳舞、讲交际,而不讲究实学与救国之道。拿一个学位回来,腹内仍然一空如洗。"这位督学正是一个留学生,一闻此言,则窘极不堪。

身兼三国领事的胡璇泽

陈红光

胡璇泽(1816—1880),原名亚基,玉玑,又名植,号琼轩,别名南生,广州市新滘黄埔人(原属番禺)。在新加坡开设名闻世界的"黄埔公司",人称黄埔先生。

19 世纪 60 至 70 年代, 中国开始设立驻外领事。光绪三年(1877)清政府任命胡璇泽为中国驻新加坡第一任领事。同年,俄国沙皇又任命他为俄国驻新加坡领事,借助他的名望和影响来照管俄国在新加坡的商业与侨民的利益。1879年(日本明治十二年),经过明治维新后的日本,也任命胡为驻新加坡领事。以一身而兼中、俄、日三国驻新加坡领事,在外交界中传为佳话。据《番禺县续志》载:"领事一馆,我国从未设立,自璇泽始。俄国创设领事及日本国领事馆之设于新加坡者,亦皆自璇泽始。璇泽三兼受外国馆,也非其所欲,外国人爱重之耳。故任俄领事而不受俸,任日本领事亦俱不受俸。"

胡璇泽于1880年3月27日病卒,享年六十四岁。新加坡行政机关和各国领事馆,都下半旗致哀。遗骸运回家乡安葬。

教育园地的"芳邻"

贾德坤

广州市近代有两位教育家,为人所敬佩。一位是金曾澄先生,一位是许崇清先生。两位先生同住一条街,同在广东省教育园地上耕耘数十年。原来金许两家是广州市高第街聚居的大族。金氏聚居之处称"金第",许氏聚居之处称"许第"。金曾澄与许崇清两先生自幼结邻,以品学互励。及入仕途，迭为广东省教育厅厅长及国立中山大学校长。数十年间，公私交往，协和无间，对广东的教育事业作出了一定的贡献。特别是两人在工作岗位上，同以廉洁奉公著称，诚可谓广东教育园地上一对“芳邻”。

伍廷芳的四个第一

易 仁

我国著名外交家伍廷芳，是中山先生的得力助手。少年时代，就读于香港皇后书院。毕业后，于咸丰八年(1858)创办《中外新报》。是为我国在香港中国人办报的第一人。

同治十三年(1874)，伍廷芳自费留学英国。光绪三年(1877)获伦敦林肯法律学院法律博士学位。是为我国获法律博士学位的第一人。

伍廷芳获博士学位后，同时在英国取得大律师资格，回国在香港执业律师。光绪十三年(1887)，受香港政府聘任为法官，兼立法局议员。是为香港第一个中国籍议员。

后来，伍廷芳回到北京，入李鸿章幕，办理洋务，奉派出使各国。光绪十八年(1902)回国，在刑部任职期间，为修改《大清律例》，参考各国有关法律精神，草拟了《大清新刑律草案》。草案内容，主要是废除历代相沿的凌迟、枭首、戮尸、缘坐、刺字等残酷刑律。最后获得宪政编查馆审议通过，修订为《大清现行刑律》。是为近代争得废除封建酷刑成功的第一人。

佛门居士赵公璧

陈占标

赵公璧，字士觐，大名煜，自号哀崖狂士，广东新会县人。乡人称呼为聋耳煜。早年赴美谋生，在纽约开设杂货店。清光绪末年，公璧爱读革命党办的《中国日报》，函通报馆，得冯自由介绍，于宣统元年(1909)孙中山再赴纽约时，面见孙先生而加入中国同盟会，随即成立同盟会纽约分会。参加洪门筹饷局任演说员，往各地宣传革命，向侨胞筹款。同盟会纽约支部建立，被任为理财员。孙中山组织广州起义，赵公璧立即发动筹款，获数千元从纽约汇到香港总部支援起义。

1911年，赵公璧回国，回新会参与问政，被选为县参议会议员，之后，袁世凯排挤孙中山，解散革命组织，国会亦停止活动。赵公璧报国无门，想起海外华侨的革命活动，便以俳体形式，以同盟会员活动为框架，写成一本《同盟演义》。

1915年，赵公璧再次赴美国，与钟荣光、谢英伯等创办国民党机关报《民气报》，《同盟演义》也在《民气报》节录连载。

1917年,赵公璧带书稿回国,在上海谒见孙中山,呈上《同盟演义》书稿,孙中山看了大喜。那时孙中山正筹划"护法运动",需要宣传革命史迹以作号召。于是指定专人负责将《同盟演义》出版,并于4月30日为该书亲撰序文。序中首述创立中国同盟会以至改建为国民党的经过,革命宗旨"固未尝变也"。继而称赞海外华侨对革命的贡献说:"同盟会之成,多赖海外华侨之力,军饷胥出焉"。但"华侨不言功",民国建立以来五六年,侨胞之"始于义而终于利者独希!"这是华侨与政客不同的地方。而"赵君公璧作《同盟演义》,以俳体写出当时信史,而于华侨之义概尤致意焉。庶乎可以劝于今而信于来兹矣。"可见,孙中山颇看重此书。

是年9月孙中山在广州建立革命政府,赵公璧任军政府军务处长。之后又历任大本营粮食管理处督办、两广盐运使、财政委员会委员等职,为孙中山先生筹措财经。

1925年孙中山先生逝世后,发生廖仲凯被刺案。赵公璧因与当局政见不合,被通缉,得助脱险居香港。这时,赵公璧对政治心灰意冷,萌发出家思想。适值东密阿阇黎乙真在香港组设"佛教真言宗居士林",赵公璧被邀参加,并且得胎、灌顶。1918年,国民党广州政治分会撤销对他的通缉令,但赵公璧再也不涉足官场,却返广州创办"道场",组织广州佛教解行学社,旋又以学社名义在六榕寺内设解行精舍,成为广东佛界有影响的一员而终身。

伍廷芳的卫生学与灵魂学

刘作忠

伍廷芳，字文爵，号秩庸，出生于新加坡，祖籍广东新会。伍先入香港保罗书院，后入英国林肯法律学院，获大律师资格。历任中国驻美国、西班牙、秘鲁、墨西哥、古巴等国公使。先后曾任南京临时政府司法总长、段祺瑞内阁外交总长、财政总长。1922 年 6 月 16 日，陈炯明叛变，炮击总统府，孙中山登上兵舰与叛军对峙。在叛兵围困中，伍受孙之委托，通告各国驻穗领事勿助叛军。6 月 23 日，伍突然病发而去世。后人感怀其不遗余力追随孙中山奔走国是之功绩，曾在广州观音山麓立一尊铜像纪念。

伍廷芳逝世后，孙中山特为其撰《墓表》及《祭文》，赞扬其：

> 昔持旌节，遍历瀛寰，樽俎折冲，中外仰止，笑却熊罴。
>
> 博士学究天人，其始研究卫生之学，蔬食，绝烟酒，自谓寿可至二百余岁。继治灵魂学，视形骸如逆旅，以为留此将有为耳。故能于危疑震撼之际，泰然不易其守。自以
>
> 与缔造民国之役，不忍见为武人政客败坏，故以耄耄之年，当国事、犯危难无所

惧,卒以身殉。

原来伍廷芳与“才如江海命如丝”的诗僧苏曼殊交谊甚厚。他虽然没有受过佛门的礼戒,但在苏曼殊的引导下,其道行颇深厚。伍最初为了健康而研究卫生学。其后深度渐进,除生活习惯上摒除荤腥而专业素食,并戒绝烟酒,所以精神渐旺。后来逐渐研究灵魂学,深信精灵不灭之说,故视躯壳为臭皮囊。他平时自我约束极严,虽然从事外交活动,经常需要参加各种大小宴会,却不轻易破除口禁,稍沾荤腥。他的儿子朝枢见父亲身体虚弱,耽心长期素食会影响身体,于是暗中吩咐厨师先炖一碗嫩鸡汤,除去上面的油脂,加入青菜豆腐汤内。伍廷芳不知内情,品尝之后,觉得味道鲜美,叮嘱厨师以后每餐照此做。后来,伍廷芳发现汤里面有细鸡肉丝,便大声责备厨师粗枝大叶。伍朝枢在一旁暗暗发笑,伍廷芳这才知道是儿子有计划的恶作剧,只得一笑置之。

伍廷芳不但吃素,而且每晚睡觉前盘腿坐在床上,双手合十,虔诚地闭目默祷口念:“阿弥陀佛”。有时竟就此睡到天明。

游国枪杀李少帆

吕　器

游国，惠阳城桃子园人，狠恶而有胆，为军阀刘志陆护弁。枪法极准，偶行道中，枪击飞鸟无不中。刘嘉其技，宠异之，引为心腹。刘第四妾绝美，号生观音。恃爱放佚，好看剧，多与伶人来往，尤昵李少帆，为李置箱底颇多。渐为刘觉，忿甚。以家丑不外扬，私与游商，问："敢杀四太否？"游慨允。某夕，刘携妾游荔湾，游从行，徜徉一小艇中，谈笑甚欢，放流至无人处，游乍推刘妾落水，久之，始呼救，捞起已死矣，刘赏游二百金。

既而刘复与游商曰："能杀李少帆，当倍赏。"游曰："是易易耳！半月可报命。"某晚，知李演戏于香港和平戏院，游急往港，置一不合身材之蓝布长衫，购入场券二，一为对号位第三行，一为对号位后之二等位。游衣长衫而不袜，入坐对号位中，李出台，演至精警处，人咸注目，游在座中忽立起开枪，仅一响，洞李胸，应声倒地死。于是全场大乱，游急脱长衫，弃枪，乘乱退入二等位。警察闭门索凶手。有眼见对号位第三行中衣蓝长衫者开枪，拾长衫。游既不合身材，又不着袜，貌非衣长衫人；手执二等位券，又非对号中人，卒无以入其罪。事后，刘赏以四百元，此1929年间事。

军阀据粤时期民选县长之丑剧

李　翔

1920年，陈炯明由闽回师广东，任广东省长兼粤军总司令。1921年4月，《广东自治条例》及《县自治暂行条例》公布后，至年底，实行民选县长已有数十个县。初步选出一百六十余候选人，依照条例规定，每县选出三人，呈由省长圈定。当时各县民主制度尚未建立，多数在土豪劣绅及地方恶势力把持下进行选举。在选举中，舞弊、收买、包办等现象，普遍存在，所选出之候选人，自然良莠不齐。最可笑者原为新会人，已入葡萄牙籍之澳门赌商莫俊伟，舞弊有据，经群众揭发，省署无法庇护而被撤消。又如三水之陆世珍、陈贵湛、陈剑衡等三人，陆为一不识中文之香港某洋行买办；贵湛为洪宪余孽，贪劣迹彰，且鸦片烟瘾甚深；剑衡则以选票最少而获选。尤令人齿冷者为电白选出之谢某，圈定而未派，出门竟乘四人大轿，马队导前。陵水选出之刘某，圈定后，出则鸣锣开道，鸣炮示威。更有甫当选即自制报条，分发亲友者。直乃城狐社鼠，衣冠优孟，如此临民之官，实乃蠹民之贼。

《廿载繁华梦》及其作者

刘华庵

《廿载繁华梦》，是清末黄世仲撰写的一部揭露粤海关的腐败情形和官场黑暗内幕的真人真事的小说。最初在《时事画报》连续发表，后来有光绪三十三年(1907)汉口东晋印刷局的线装巾箱本、光绪三十四年(1908)上海书局石印线装本及坊间九种排印本等多种版本。书中描写主人公周庸祐(字东生)以粤海关一个小小库书，巧取豪夺，几年间竟成为广东巨富。他利用粤海关每年奉旨措办金叶进京的机会，抬高黄金购入价，与奸商串同渔利；挪用公款，作为高利贷资金;海关监督任满晋京,提大量公帑进贡及行赂时,周亦从中插手取利。还有其他侵吞偷漏等罪行,书中揭露无遗。周庸祐骄奢淫佚,挥金如土,仅是他的住宅,就把西关宝华正中约一条长街占了一大半。宅阔十四面过,深十二丈。宅内花园、亭榭、戏台俱全。此外,他还贿赂北京权贵,居然被授予比利时钦差。但终因多行不义,不久便被参抄家,历年所积一时顿散,廿载繁华,及身而败。

《廿载繁华梦》作者黄世仲,字小配,别号禺山世次郎,笔名黄帝嫡裔、世界一个人等。生于光绪初年,弱冠赴南洋谋生。光绪二十七年(1901)在南洋参与尤列创办的中和堂。1903年任香港《中国日报》记者。1904年助郑贯公创办《世界公益报》。1905年加入同盟会。1907年创办《少年报》。鼓吹革命,不遗余力。辛亥后,任广州民团局局长。因与陈炯明有隙,被陈诬以侵吞军饷罪,为胡汉民所杀。遗著除《廿载繁华梦》外,还有《洪秀全演义》、《宦海升沉录》等。

陶模督粤

罗镇邦

晚清,陶模颇负时誉。自为诸生,食贫力学,俭约自持,不立崖岸,恂恂单下,将吏争为用而无敢以私干者。其于变法维新时论，独持己见。谓：变法维新，推行宜渐，根本宜急。聚阘茸嗜利之辈以期富强，止于旧法外增一法，不得谓之变法；于积习外增一习，不得谓之祛积习。欲求富强，当先崇节俭，广教化，恤农商。光绪二十六年(1900)任两广总督。疏言："变通政治，宜务本源。本源在朝廷，必朝廷实能爱国爱民，乃能以爱国爱民责百官；必朝廷先无自私自利，乃能以不自私自利望天下。转移之道：一曰除壅蔽，一曰去畛域，一曰务远大。朝廷当以身作则，克己胜私；否则虽日言变通，无由获变通之效。"其卓见远出时彦之上。

粤故多盗，陶模定清乡章程，信赏必罚。凡练军分屯，许所在州县节制，一岁中捕斩名盗千余人。钦、廉、肇、罗诸属盗薮，皆次第削平。又谓民贫思乱，非杀可止。复令府县设劝工厂，囚罪不至死者，令入厂教养。广东名曰富饶之区，然取诸民者已重于他省，岁入不足五百余万两，于是取之赌规，仍不足，则货之外人。模睹民力已屈，追呼不得宽，欲有所兴革，皆坐中沮。迭疏请疾，甫受代，九月卒于广州。

梁启超时流亡海外办《新民丛报》，对陶模死事曾有报道。谓：陶督粤后屡屡奏议，言人所不敢言，士论颇许之。不失为大吏中之贤者，徒以魄力不足，不惟不能有设施，而竟以促其死。陶本无甚病，虽患哮喘十年，近亦非有所增益，而坐畏事之故，日日思退。请开缺，至第三摺上，始得许，以德寿代。德寿日事诟谇，陶默然，遂呕血。复以姚文卓充广东大学堂总办一事，为梁鼎芬、张之洞来电诘责，又呕血升许。时南洋某商捐八万金以建武备学堂，乃陶所竭力运动而得者，德寿以偿款支绌为名，遂干没之。某商诘责陶，陶不能应。满城官吏、满署胥役皆趋走竟伺新督颜色，陶孑然一身，孤立于督署，遂卒。

萧教授被拉壮丁

罗味瓯

1944年夏，日寇三次进攻长沙，粤汉线告急，时局紧张。中山大学萧锡三教授因事赴韶，途中为国民党兵站拉壮丁，拦路检查，毁其证件，指为逃避兵役，拘留于新兵收容所。时各人均携有“国民兵身份证”，证仅草纸一张，一经撕毁无从置辩。萧教授其时已年及知命，何云壮丁？只以面白无须，尚略似壮年耳。正是“秀才遇着兵，有理说不清”。无奈于拘囚中以重酬恳看守者，递一纸条于韶关市长萧冠英，因得脱归。萧冠英原中大工学院长，又曾任教务长，时任韶关市长，与萧教授同乡同族又多年共事也。

陈廉伯之死

陈　谦

陈廉伯是香港知名人士。孙中山主持广东政局时期,廉伯为帝国主义者利用,在广州搞武装商团,阴谋夺取广东政权,事情败露,暴动旋被击溃,商团遂被解散。廉伯逃港后,销声匿迹,隐居了一段时间。其后,报载廉伯中了马票,获彩巨万,廉伯之名,沉而复起。不久,港府授廉伯为上海汇丰银行经理,华人行的老板们,咸叹为奇闻。

1941 年, 廉伯又任东华三院主席。一年期满,交卸后,时日寇南侵,香港告急,廉伯携爱妻及亲友数人,搭“白银丸”避地澳洲。船开行不久,未出港口,即中鱼雷,轰然一声,浪涌船翻,廉伯与亲友紧抱船桅待援,其妻则被波涛卷去,忽沉忽浮,举手求救,廉伯欲扑入海中,为亲友制止。廉伯说:“大量黄金缠在她的腰间,不救不行。”遂纵身入海,不料为其妻死力抱住,挣扎不得脱,结果双双沉入海底,其亲友则获救生还。港人咸谓廉伯这次“为色亡身,为财丧命”,沉而永不复起云。

气死尚书

吕 器

晚清官场，贿赂公行。光绪年间，尚书张伯熙与邮传部侍郎唐绍仪，二人皆粤籍，但不相洽，常有龃龉。唐入奏历言尚书张伯熙多用广东人，拉帮结派，不成体统。而张复奏则谓只问其才不才，从不问其籍贯也。如是两人互参，历年不息。慈禧知而大怒，谓："尚书、侍郎不和，何以办事？"遂传旨申斥。

循例，传旨申斥，由太监执行。一般视案情轻重，由当事者贿以太监多少，再凭太监在午门当面略说几句就算了。这次，太监先问张伯熙："能给多少钱？"老官僚张伯熙一时不察其意，反谓："而今我已受申斥，何敢再贿赂，太后知道得了么？"及问留学生出身的唐绍仪，唐机灵地立出四十两。

翌晨，群臣齐集午门，太监先唤张伯熙，疾言厉色力斥其非，继而"混帐""王八蛋"臭骂不迭。唤至唐绍仪则只言："你怎么跟尚书不和？以后不许，走罢！"和风细雨，寥寥几句便了。张伯熙目击身受，中心愤激，卒致气死。

李登同轶事

罗镇邦

清末有“广东赌盗甲天下”之说，椎埋屠狗之辈，崛起绿林之中，李登同亦一时豪杰。李为广州河南大塘乡人，家赤贫。其始从事劫掠，无所资，乃以玻璃灯筒涂黑以拟手枪，拦劫途人。其后以胆识为同辈推许。尝纠众夜劫番摊馆，登屋顶自天窗而下，饱掠而去。嗣后群推为“亚哥头”。遂有伍众，势力渐大。时局多故，屡受收编，俨然为官矣。孙中山先生讨袁护法，曾收编为第五军任军长，号“福军”。从征多年，未尝大挫。李原名福林，因不讳旧事，遂以登同为号。然“福军”原不过乌合之众，所部皆椎埋屠狗之辈，战斗力弱，大敌不敢当，伺有可胜之机乃出。故或谓之“三武鹅五”，讥其只受人打，不能胜人也。“福军”随粤军入闽时，李曾携回榄树种子，解甲归田后，营厚德围于珠江南岸。山榄结果时，置诸市，人称为将军榄。自此，广州附近，福州山榄遂广为繁殖。

日寇侵华，广州沦陷，李避地后方，不为敌利用。然日寇及汉奸对厚德围均加以保护，不敢妄动。抗战后期，李以国民党中央委员名义，及绿林前辈威望，曾亲往沙坪，招致沦陷区大天二

辈,假以名义,策动反日。故日寇宣告投降后,伪军之辈纷纷易帜,咸称先遣军反正云。

汪兆铭被袁世凯收买及其认贼作父的丑剧

钟 彝

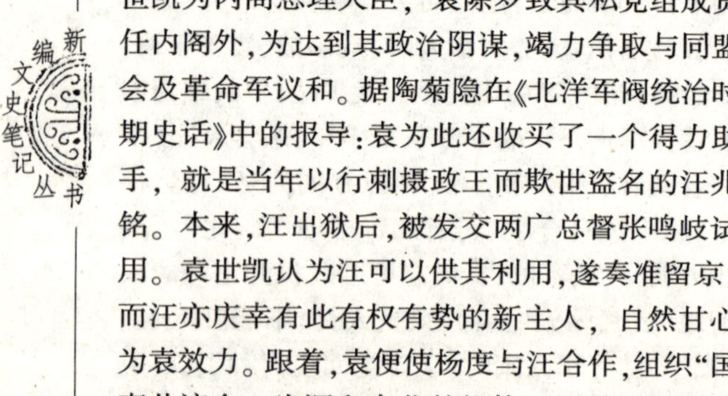

1911年(宣统三年)11月9日,清廷任命袁世凯为内阁总理大臣, 袁除罗致其私党组成责任内阁外,为达到其政治阴谋,竭力争取与同盟会及革命军议和。据陶菊隐在《北洋军阀统治时期史话》中的报导:袁为此还收买了一个得力助手, 就是当年以行刺摄政王而欺世盗名的汪兆铭。本来,汪出狱后,被发交两广总督张鸣岐试用。袁世凯认为汪可以供其利用,遂奏准留京,而汪亦庆幸有此有权有势的新主人, 自然甘心为袁效力。跟着,袁便使杨度与汪合作,组织“国事共济会”,为调和南北的机构。于是汪即到处鼓吹:“要实现民主共和国, 利用袁世凯则事半功倍”的谬论。

当中山先生于1911年12月25日返国的第三天,汪兆铭还演出一幕“认贼作父”的丑剧。据揭发:是日袁召见汪于官署,授以议和代表参赞之职,使其赴沪,借革命党人立场,周旋于伍

廷芳与唐绍仪之间，竭力助唐，以免和议破裂。同日下午7时，再召汪于府第，其子袁克定亦偕至。袁命克定与汪结为兄弟，二人遂向袁四叩首。袁顾二人曰："汝二人今而后异姓兄弟也。克定长，当以弟视兆铭；兆铭幼，则以兄事克定。吾老矣，吾望汝二人，以异姓兄弟之亲，逾于骨肉。"二人即同声曰："谨如老人命。"于是又向袁四叩首。袁随命二人伴食，食毕而退。次日，汪遂由北京经天津乘车赴沪，为袁命效力。

梁启超"借尸还魂"

王参元

1905年(光绪三十一年)，清廷成立考察政治馆。11月，拨内币五十万元，派载泽、戴鸿慈、端方、李盛铎、尚其亨等五大臣出洋考察东西各国宪政。清廷这一措施，实在是藉以缓和国内革命危机而已，并不需要他们认真考察；而五大臣们也是一班腐朽庸碌之辈，毫无政治常识。他们接受任命后，惟一的考虑是将来考察完毕回国后，拿什么复奏朝廷?这使得五大臣焦急万分。

在五大臣的随员中，有一个熊希龄，湖南人，戊戌间以新党嫌疑被发交地官严加管束，在籍充任教席，以兴学有功，湖南巡抚赵尔巽为他奏请开复功名，得派江苏候补道。他就是以道员

衔充任出洋随员的。为了解决回国复奏问题,熊希龄认为当世精通各国宪法的人，莫过于梁启超,其次是杨度。但梁为西太后所仇恨极深,决不能露面,只得介绍正在日本的杨度,为他们草拟考察报告。五大臣只要自己不动脑,不动笔,自然乐得同意。于是五大臣分道出发到日、英、法、比、德、意、奥各国,以考察为名,实则走马看花,恣情挥霍。

当熊希龄随载泽等到达日本时，杨度接受了这个任务，并同意当五大臣回国时及时将报告草稿送达。当时,梁启超正流亡在东京,杨度自忖,自己对国际宪法不那么精通,转而求教于梁启超。梁自然不肯放过这个“借尸还魂”的机会,毅然答应下来。

1906年6月,载、戴、端、尚(李盛铎已履驻比公使任)等四大臣考察完毕回到上海,而杨度的考察报告稿本还未寄到,又是熊希龄出主意,以“考察东南民意”为借口,四大臣暂时留在上海,同样过着饮食作乐的生活。

考察报告文稿,终于派专人到东京取到了。文稿共三件,一件是梁启超起草的《东西各国宪政之比较》,杨度起草的是《中国宪政大纲应吸收东西各国之所长》和《实施宪政程序》。

是年8月,清廷举行御前会议,同意了“大逆不道”的梁启超所拟的《东西各国宪政之比较》,同时颁布了预备立宪的诏书。

1907年,清廷改考察政治馆为宪政编查馆。五大臣以杨度有功,以“才堪大用”联奏清廷任为宪政编查馆提调，而梁启超却做了无名英雄，仍然流亡在外，然而“借尸还魂”他是成功了的。

陈济棠为母卜葬芙蓉嶂

吕　器

陈济棠笃信风水神鬼，治粤期间，幕中多江湖术士，其中有所谓“四半仙”者，即潮州之翁半玄、詹天眼与钦州之林某、黄某也，咸窃高位，受上宾礼。

有献殷勤者，谓花县北之芙蓉嶂以风水怪异而名诸世，洪秀全祖坟在焉，揆诸堪舆术，乃出帝王地。陈与乃兄维周亲偕诸术士前往观察，林某极口称佳，并为指点龙穴曰：“洪秀全祖穴稍偏低，非正穴，故享国不永，若卜穴于高处，则必发达而持久，虽不万世帝统，亦可数十世也。”惟翁半玄力反其说，谓：“洪秀全祖穴经已发过，今成绝地，苟卜葬其间，一年后必大败。”诸术士中多附和林说，盖以翁说刺耳，虽心以为然，亦不敢赞。陈派人赴江西以重金聘堪舆家多人来会察，亦感以林说为是，陈氏兄弟心为之动。会其时，位居广州市宪兵司令之济棠衿兄利树宗，亦趋前以江西赖布衣之偈语，进献殷勤，陈遂决意迁葬母坟於是。

赖布衣者，传为宋代名重一时之“国师”(即

堪舆师)也。曾自庐山“捉龙”(追寻“龙脉”)至粤,过大庾山脉,见气势不凡,翻山越岭追至芙蓉嶂,才发现此乃“龙脉”之“结穴”。临去时口占偈语一则:“头顶芙蓉嶂,脚踏土地坛。右有复船岗,左有莺蜂窦。鳌鱼把水口,狮象守门楼。谁人葬得中,代代王公侯。”查芙蓉嶂南麓,确隆起有三个小山岗,居中者为“鳌鱼岗”(今名“鲤鱼岗”),左右各名“狮山”、“象山”,均以形似得名。

查洪秀全祖坟确是葬在“土地坛”脚下(现为芙蓉嶂水库,原墓不可复睹)。相传1851年洪揭竿起义时,花县知县牟崇龄曾奉令毁坟,翌年清廷又密谕将其坟山后脉凿断,意断其“龙脉”,毋使发迹。

陈氏决意迁葬母坟后,将“土地坛”全山买下,从他山取土加高“土地坛”,将其母骸葬于山顶。同时又有术士进言:“地诚佳,但煞气仍重,葬时必先驱煞,斯可无患。”陈以所部独立第一旅长范德星名字佳,“德星者,其色金黄,其光煌煌,所见之国,太平而昌。”用以驱煞,宜无不应。于下葬前夕五更时为之驱煞。葬时,礼殊隆重,省中文武高官咸致贺。一若帝王之业,果藉地灵而成然。葬时为1935年农历六月初一日。

梁鼎芬崇陵种树

刘华庵

清德宗载湉崇陵，在河北易县城西偏北约四十余里的梁格庄太平峪，宣统继位后，开始修建。更由京汉铁路特辟一条支线，以梁格庄为终点，以便德宗灵柩的移运。光绪三十四年(1908)十二月，载湉灵柩运至太平峪，停放暂安殿以待奉安。并于殿旁设王大臣六班公所，派内务府大臣负责指挥、监督修建工程的进行，及轮流值班守护灵寝。另外派有军队负责巡逻守卫。辛亥后，建陵工程仍继续不辍。这时，逊位后的宣统小朝廷，派梁鼎芬充崇陵种树大臣。由于陵园种树的经费预算，初时没有入建陵计划之内。所以这虚衔的钦差，便感到经费无着，无所措手。曾一再请求拨款购买树苗，均不得要领。后来，他终于想出一个妙法：时值冬季，他以北京定购陶瓷酒坛二三百个，运回陵地，发动守陵人员，每坛载满陵园积雪，以红布密封，外贴“陵园雪水”四字红签。另写一篇《募捐崇陵种树经费启事》，带着随从盛泰，分别向原日清室皇亲贵胄及遗臣，亲自逐一登门，各送雪水一坛，以示“饮水思源”之义，并力陈陵园种树刻不容缓之意，由他们募捐。各人怀念前朝旧恩，又徇于鼎芬故谊，

应募尚称踊跃。有些思想犹豫或认捐数额与其身份不称者,梁更反复陈词,务使捐符所欲。陵园种树计划,因是得以完成。

梁鼎芬在陵园种树期内，住在王大臣六班公所。据杜如松《光绪奉安实况》谓:梁每日必随班朝奠,风雨无阻,并有时哭临于梓宫前,跪地不起。其忠于光绪帝,比较清室亲贵,有过之无不及云。

奉革举人刘华东

冼玉清

刘华东，字子旭，号三山，嘉庆六年举人。少负才仗气，遇事敢言，为文纵横奇谲，不受绳削如其人，世以文怪目之。有新会富商夤缘当道，以其父祀乡贤，入祠之日，于明伦堂大会宾客，张乐设饮，邑人士非之而无可奈何。华东审知颠末，上书制府陈不可，制府不之理，还其书。华东乃以书付梓，题曰《草茅坐论》，其书远近传诵。于是阖邑士绅争来相见，不期而会者二百余人。华东乃为祭文诣乡贤祠谒陈白沙栗主，读而焚之，伏地大哭，声振屋瓦。遂与诸士绅联名呈府暴富商之罪。巡抚、道、府、承审官等皆迎上峰意，怵以利害，华东不为动；富商遣人啖华东金，亦不为动。清廷命大学士章煦、侍郎熙昌来案问，卒黜商父祀，而华东亦以印《草茅坐论》革去举人。是举也，华东坐牢南海县署者五阅月，对簿公庭者十数次，艰苦备尝，旁观股栗，而华东无沮色、无软词。然后以悒郁无聊，颓然自放。当其计偕北上，流连京邑，跌宕不羁，朝鲜使臣金正喜、尹载烈亦索其诗字以归。华东诗不存稿，随作随弃，余尝见其《并州少年行》云："结交屠狗亦王孙，腰剑离离古血痕。坐不垂堂堪喻大，家贫容易受人恩。"亦可见其感慨矣。

华东美须髯，工书法，尝自谓品学柳下惠，文学柳宗元，字学柳悬诚，故称"三柳先生"。壮年自写《拔剑起舞图》，中年复写《荷锄图》，晚年抑塞无聊，事盐荚，又号"自在菩萨"。

华东被褫革举人，亲友皆为惋惜，而其怡然自若。晚上出游，必命仆携灯笼随其后，大书"奉革举人刘华东"七字于上，其挂门首灯笼亦然。茶楼酒肆上有不相识者，问其姓名，亦以"奉革举人"对，更制一印曰"臣本布衣"。

彭东园说程璧光与孙中山合作

邓警亚

孙中山自沪率海军南下，联络滇、粤、桂各省，号召国会议员，召开非常会议，成立军政府，被推为大元帅，进行护法战争。人皆知海军总长程璧光贡献甚大，然程氏与中山虽是同里，惟素无交往，程亦非同盟会员；且其兄程奎光当年参加中山发动之乙未广州首义，被逮死狱中。民国成立，未获褒典，尚不免介介于怀，焉能冒险犯难以佐中山举义？其间有为程璧光进说者，则为彭东园。

彭名泽民，字东园，吴川人，清末为候补主事，时充程璧光副官长。知程不满于段祺瑞独揽大权，拟召开临时参议会，重定国会组织法。虽欲断绝北京关系，然碍于饷需无从筹措，进退维谷。彭东园乃向程进说，谓西南各省督军纷纷通电，国会未恢复以前，军民政务暂行自主，目的皆在于巩固其地盘而已，非尽出于护国真诚也。惟孙中山确是为护法而号召，且功誉满天下，人咸服之，能与孙合作则事必有济，璧光韪之。彭乃亲谒中山，备陈程氏之诚。故 1917 年 7 月 20 日程氏亲迎中山至海琛舰，向高级将校训话，并宣布率海军第一舰队南下，以广东为根据地，召开非常国会,翌日即启航南来。彭氏此举,虽为程氏前途设谋,于护法战争亦有所贡献。

自程氏珠江遇刺,桂系窃权,护法战争失败,彭氏亦郁郁不得志。国民政府成立以后,孙科任铁路部长时,曾委彭氏以胶济铁路局长一职,即为酬其功也。其后政局屡更,彭卸职后闲居香港,意志不坚,遂为日人利用,1938年广州沦陷,竟袍笏登场,任广州伪市长。其晚节不保,论者惜之。

废两改元

罗镇邦

我国货币向以纹银为主币,大宗交易以天秤称量,使用银锭。零碎小量则以厘戥称量,切成碎块,称为碎银,颇为不便。昔人出门皆备荷包以盛碎银,随身带厘戥。吾粤外贸发达,外洋通用银元,故洋银流入甚多,如早期之墨西哥银元,日本银元等都是。银元在使用上较便于纹银,民皆乐用。光绪十四年(1888),张之洞督粤,始以机器铸银元,谓之龙元,文曰:“光绪元宝”,重司码秤七钱二分。由是始有银元之币制,然习惯均以两、钱、分、厘计算。清末虽官定废两改元,但茶楼习惯,仍以银两为本位计价,而实际找换,均以元、毫计算。故下价茶居称为二厘馆,谓茶价每位二厘也。此积习相沿,至陈济棠治粤时始渐消除。闻饮食行业中人云,此亦有故:因用银两制则一毫为七分二厘,以厘为小数有七十二厘可以因应定价;用元制则一毫为十分,小数即一分,差距较大,不利于拟订价码微中取利云。

在广州开业最早的外籍医生

邓端本

广州之有西医,始自19世纪30年代。开业最早者,是美国传教士伯驾。他于1834年10月来广州,1835年11月通过广州十三行商伍浩官的关系,在新豆栏街开设了一间诊所,名叫"眼科医局";想通过治病来接近群众,以达到传教之目的。

当时的广州,劳动人民生活困难,缺药少医,尤其是缺乏有效的眼科治疗,据说盲人就有数千名。因此,当伯驾的诊所开业后,仅几个星期里,便有数百人前来求医。其中有三十名白内障病患者受手术,二十八人获得成功,重见光明。从此名声大噪,一时门庭若市,连一些士绅、官吏也来请他治病。当林则徐到广州禁烟时,因疝病,曾通过同僚向他请教治法。伯驾主动为林则徐做了一副疝带,还替他立了一个病历卡,编

号为6565。不过林则徐始终没有和伯驾见过面。伯驾知道他患有哮喘病，又托人送去药物。林则徐为了表示感谢，回赠了水果等礼物，还派人到伯驾处询问了有关眼科医局的情况。为此，当时的东印度公司医生哥利支认为行医传教大有可为，乃号召英、美成立中华医药传教会，他自任会长，伯驾任副会长。

后来伯驾还在广州创办博济医院，为今天中山医学院第二附属医院的前身。

战时乐昌熬盐业

龙潜庵

抗日战争时期，广东沿海地区大部陷敌，粤北以至湖南等地的食盐供应，就颇成问题。当时交通不便，只能靠一些商贩从南路沿西江肩挑盐包到粤北等地，才得到解决。但是，粤北山区的乐昌，食盐却能自给自足，并有盈余运销外地。它一不近海，二无盐矿，这是颇为奇怪的。

原来乐昌县城内有一条盐仓巷，是明代广东盐仓所在。四五百年来，一直作为贮盐之所。由于年深日久，盐仓的砖石泥土都饱含盐卤。战时食盐短缺，于是有人把盐仓的砖土泥沙中的盐卤浸出，再用大镬熬煮成盐。起初是少数小规模经营，后来逐渐设置工场，各据一方，从事熬盐,获利不少。跟着,政府也插手规划管理,按地段批给厂商经营。因此乐昌的熬盐业对战时食盐的供需,着实起到一定的作用。当时厂商约有十来家,从业人员达数百人,成立了熬盐公会,是为乐昌战时颇为特殊的行业。

从无烟糖到无烟味精

罗镇邦

陈济棠治粤时,大兴工业。20世纪30年代初,即陆续兴建糖厂:市头、新造、顺德、东莞及稍后之揭阳糖厂,均于此时先后筹建,其中以市头糖厂规模最大,亦最先兴建。该厂1932年开始安装设备,由欧籍技工到场负责技术指导。但未及正式投产,而市面即有出售该厂商标的白砂糖,盖有力者从香港购入太古糖,改换包装以渔利。时人谓之“无烟糖”。其后各糖厂相继竣工,投产上市后,“无烟糖”之名,才为历史陈迹。惟“无烟味精”又应时而兴。所谓“无烟味精”,乃不法商人购入日产味之素或沪产天厨味精,掺杂精盐等配料,自行包装出售者。当时广州虽有设厂制造味精,然大都小本经营,技术、设备、资金均感不足,虽有产品,而质量欠佳,反不如“无烟味精”价格较日产、沪产者低,质量较土产者高,为大众所乐购。特别在沦陷期间,“无烟味

精"远销入内地,直至抗战胜利后仍有市场,解放后始告绝迹。

1902年揭阳鼠疫纪略

吴道跃

清光绪二十八年(1902),旧历三月下旬,揭阳县南部的大井村等地,发生鼠疫。不数日,县城的五社、八社(今东风居委一带)发现梁间老鼠,突然坠地而死,最初只有三几处,半天后,即普遍发现同样情况,人争围看,引为奇观。当夜,即有一半小巷,发现居民感染鼠疫发病,患者达十多人,至天亮共死去三十余人。翌日下午,巷巷都发现患者,死者增至一百八十多人。数日后,疫情蔓延全城,死者激增。

疫情发生后,全城惊慌,保甲绅商拥上衙门,求知县虞汝均速定对策。但无能的虞太爷迫于舆情激烈,仅率属僚向城隍庙求神塞责。当他俯首读祭文时,忽见供桌下面死尸横陈,吓得面无人色,仓惶回衙,即命人从民间捉来一批花猫,养在后堂。并令厨役备足柴米油盐,关闭衙门,隔绝外界往来。

到四月下旬,疫情发展到高峰,一家夏布厂的丁老板,全家五十八口,除一个十二岁的小孩外,全部死亡;滘乾一户许姓共十二人,晚饭前父亲叫儿子上街买酒肉，儿子回时，父已断气，未及一小时，儿子又死。翌日，全家相继死去八人。如此不分夜日，死亡狼藉。仅西门一天，就抬出死尸四百余具。

这次疫情，由全县南部向北部蔓延，一些疫情严重的小村，成为无人之境。县城最严重的是五社、八社，有的整条长巷剩下人口不足疫前一户之数。据当年任县衙文牍档案师爷的胡子如老先生解放后在一次座谈会上反映："当时县城四万二千多人，疫后剩下二万二千左右。全县虽没具体数字，但死亡当在县城数倍以上。鼠疫过后，城里老鼠绝种，八年没有看见鼠迹。"

广东的戏棚

冼玉清

曾经有过很长时期，粤剧是在戏棚里上演的。戏棚是临时搭成，戏演完，棚便拆除了。广东这种戏棚的出现，至少可以上追到乾隆年间。乾隆三十二年(1767)，佛山颜料行会馆演戏，观者数百人，因为火灾，观众皆无幸免(见道光《佛山志·乡事篇》)。就是因为戏棚是竹木搭成，容易惹火。又据《波罗外纪》："波罗庙每岁二月初旬神诞，庙前为梨园剧一棚。"作者崔弼生于乾隆十二年(1747)，可见乾隆年间已有戏棚了。

日本萨州漂客《见闻录》云："嘉庆二十一年

(1816),陆丰县有佛堂祭事,搭架舞台,张幕于六板席大小之舞台上。伴以锣鼓三弦鼓乐,男女出场演戏。”则知戏棚流布甚广,不独珠江三角洲有之,即陆丰之僻县亦有之。

道光二十五年(1845)四月二十日,广州街坊在九曜坊学台衙门前的辕门酬神演戏。有人吸烟,不幸失火,火盘旋于棚间,烧死千余人(见陈微言《南越游记》卷一火灾条)。戏棚能容纳千多人,也可见其大。

《池上草堂笔记》说:“广州酬神演戏,列棚以观,名曰看台,又曰子台,……棚鳞次。”这说明戏棚是用葵席编叠而成,看戏的人,也是坐在一列列的棚上观看的。

同治《番禺县志》说:“市桥风船之制,……其风船先者,别以巨舸结蓬屋,演梨园。”“蓬屋”即是栅棚。戏棚不只在陆上搭,而且进一步在船上也搭了。

为什么戏棚要采用棚的式样呢?据《广东出土的陶屋》一书中摄影的陶屋,多属“高架的栅寮式”建筑,下层是空的,用泥矮墙或木柱子把仓房或住宅高架起来,以达到通风防湿的目的。这个式样,就是文献上记载的“干栏式”。今日中南、西南一带的兄弟民族,仍有“栅寮式”的建筑。广东潮湿多雨,为适合地理环境,而又价廉易办,所以戏棚也采用棚式的建筑式样。

二十年代的天台游乐场

梁俨然

广州市在20世纪20年代，物价较稳定，市内四大公司——西堤大新公司(即今南方大厦)、长堤先施公司(即今华厦公司)、惠爱大新公司(即今财厅前新大新公司)、十八甫真光公司(即今广宇大厦)，为了增加收入，在天台开设娱乐场。计有：电影场、粤剧场、京剧场、歌舞、魔术、杂技等。当时是一件新鲜事物，市民得到休憩游玩之所，因而游客日增，非常繁荣，可说是天台游乐场的全盛时期。

各天台游乐场中，以西堤大新公司及长堤先施公司最为优越。两公司天台宽广，布置得宜，还建设园林亭阁，供游客游赏。游乐场以表演粤剧为主。西堤大新公司由女文武生刘彩雄、花旦梁丽妹为主要演员；先施公司则聘徐吉林及倩影依为台柱；惠爱大新公司以宋竹卿、谭兰卿担纲主角；而真光公司拥有任剑辉、胡蝶影为号召。各具特色，各有观众。后来商业竞争日渐激烈，先施公司首先以减收票价，及用种种带有赌博性的游戏以广招徕。结果，营业不景，终于宣告停业。真光公司亦因楼宇残旧，游客日减而告结束。但西堤大新公司则再接再厉，扩大宣传,加聘歌舞明星陈剪娜、何理梨、紫葡萄、张舞柳等演出新派剧,颇有新意,业务不衰。至于惠爱大新公司,则增辟京剧场及另聘全男班粤剧演员陶醒非、黄秉铿、黄艳侬等演出粤剧,十分卖座。这两大新公司,都能一直支持至广州沦陷。

牵牛花"窠藤法"

莫仲予

王湘绮《牵牛花赋序》曰:"牵牛花者,蔓生,蒙茏,不任盆盎之玩。待晓露而花,见朝日而蔫。虽无终朝之荣,而有连月之花。豪贵之士,将晡而起,终莫能睹也。"粤人以其叶密花繁,花期且长,多植屋前后,编竹作篱,使沿篱而生,幽雅有野趣。日人则以"窠藤法"栽以小盆。其法:蔓长六七寸时,则摘去其端叶,禁其蔓长,令其高不及尺,花叶皆丛聚盆中。每岁且举行"奇花会",角甲乙,胜者获奖而荣。梅兰芳献艺东瀛时得其法,遂遍搜诸种,归植百余器,类别部居。并授法其友如李释堪、姜妙香、程艳秋等七八辈,呼蓄数百盆,以异种相矜耀,更迭排日为宴,召客评骘为乐。1914年甲寅,湘绮入都主国史馆,顺德罗瘿公以湘绮前有"蔓生,蒙茏不任盆盎之玩"之说,故召梅郎与湘翁共证花前。翁意甚乐,且

有诗焉。后见北京荣宝斋木刻出版白石老人牵牛花小轴，题云："梅畹华家，堂下遍植牵牛，余写其最小者。"据此，则老人当时殆在座耶？自己已春，余依法于露台试植一盆，果然繁花簇簇，烂若铺锦，惟惜异种难得耳。

福寿膏与西太后

之 茀

据清末曾在广东粤海关监督署教过书的商衍鎏先生（清翰林、粤人）的回忆：每年同海关监督进献清廷的贡品中，有福寿膏若干罐。福寿膏也称芙蓉膏，即制过的鸦片烟，这批毒品的下落曾是个谜，实则与慈禧太后有关。

慈禧与太监李莲英的关系十分密切，超乎寻常。如驻颐和园时，慈禧居前进，李莲英必住后进，仅隔一院。内府办差所用各物，总得备两份。送李房的一份必与送慈禧的相同，因慈禧饭后必去李房，摒去侍从，两人单独相处。究竟有何勾当，曾引起种种揣测。有人怀疑李阉身不彻底，因而与慈禧有暧昧之事，实则不然。据信修明太监透露，慈禧嗜吸鸦片，必由李服侍烧烟，此事不能被外人知道，因而诡秘。这样，福寿膏的来龙去脉就很清楚了。

广州茶客癖好

林维迪

广州茶客有个癖好，喜欢选择在固定一间“茶居”饮茶。并且往往选择在固定的茶桌，有甚者还选定在一定的座位上。这些茶客一上茶居，即使其他茶桌茶椅空着，也绝不坐上去，而宁愿耐心等候。即使等上几十分钟，也在所不计，说是若不坐上原来的位置，就会周身不舒服云云。

被称为茶客的人，是每天必到“茶居”饮茶的，而且意不在吃点心，只是因为“净饮双计”，象征性的吃两件点心。所以广州俗语有说“一盅两件”(代“饮茶”语)，却专意饮茶。饮茶要“茶靓水滚”。往往又着意“水滚”(水要滚烫)，水不滚烫，茶客便会叫起来。根据经验，温浮滚沉，一看茶叶浮头，他们便知道水温不够，茶味出得不好了。一壶好茶放在前面，慢斟慢饮，常常坐上个把钟头，直到壶里的茶叶泡白了才止，叫做壶白。有些茶瘾大的，还有两壶白。或说，既然茶瘾这样大，何不在家泡饮？茶客会告诉你，在家饮不了许多，因为缺乏气氛。茶客饮茶要与“茶居”的环境、茶客的细语、卖点心的来往、人流的进出等等，才能灌了一壶又一壶茶落肚，才感到满足。

茶客饮茶,有些是极其精到的。一口呷茶,即知水的沸度。据说初开的水称为"虾眼",再开的水称之"鱼眼水","大开"的水称为"翻浪水"。各种茶叶配以各种沸度的水,如茶旗类配以"虾眼"水;碎叶茶类配以"鱼眼水";茶饼类配以"翻浪水",即称为"靓茶"(水)。有些茶客,因配之不当而大发脾气,其恼怒之状,彷佛鱼翅被人煮糊似的。因此,各茶客选择"茶居"就饮,其重点多在于该茶居的开水是如何而定。

大　栏

罗味瓯

俗语云:"第一行,第二当。"行栈生意向为人所称道,以其利尚在典当业之上。广州习惯对经营牲口、果菜等动植物门类货物之行栈,名之为"栏",而对经营其他产品不易变质之货物者,则称为"行"。故栏亦行也。按所营物品分类,有猪栏、鸡鸭栏、鱼栏、果栏、菜栏、谷栏等等,各栏以代客买卖收取佣金为主。各江货物到埠,货主登门,栏方即予接待,货物概由栏方派工人起货"埋"栏(搬进)过秤,挂出水牌销售,不劳货主操心。且提供行情讯息,随行就市,即日清售。一般结账时对卖方货主九八找数, 即收佣金百分之二; 而对买主则加零三收账, 即收佣金百分之三。经营此种行业，实为无本生意，行市涨落，价钱高低，栏方概不相干。故正当经营者，固可稳坐获利；若出以旁门斜道，则其利不可胜计矣。

泮塘五秀

杨星荧

《广东新语》说："广州郊西，自浮丘以至西场，自龙津以至蚬涌，周回廿余里，多是池塘，故其地名半塘。"在10世纪，半塘是南汉刘钅长"刘王花坞"的一部分，清属南海恩洲保属下十八乡之一。半塘后改称泮塘。

泮塘盛产五瘦，即莲藕、菱角、茨菇、马蹄、茭笋。据说清光绪初，几位文人建议改称五秀，遂沿用至今。

莲藕。屈大均说，半塘"种莲者十之八九"。夏日，荷叶田田，荷花灼灼，荷香阵阵，采莲人荡桨其间，实在是迷人图画。白莲长藕，红莲长子，故屈氏诗云："采白莫采红，留红在叶底。"泮塘所植有海南洲、丝苗，还有从花县引种的京塘藕。海南洲为浅水种，七至八月收，藕身肥圆而短，肉嫩而脆，宜生食；丝苗为深水种，七至十一月收，藕身瘦长，表面有浅浅条沟，质优粉多，其粉越陈越贵，可治久痢便血。

菱角。泮塘所植多为红菱(五月菱)。菱叶三

角形,扁平,角质厚,翠绿有光;叶柄形如虾股,组织松疏,饱贮空气,故菱能浮水,浅水深水俱可种植。今人李云谷有“托根无地笑浮生,镜里花开水一泓”之句。菱花从叶腋出水,六角,白色,夜开昼合,随月而转,如葵花向阳。花谢后伸入水中结实。幼果上浮,红皮与绿叶相辉映;老果黑皮而下沉。幼果肉白甘脆多汁,老果皮硬多淀粉。菱可作果作菜肴,粉可作糕、浆布。

茨菇。又名慈姑。《群芳谱》谓“一岁根生十二子,如慈姑之乳众子”,故称。泮塘所产者为白肉茨菇,白皮白肉,体积较大。叶如剪刀,花似茉莉,四瓣,无香。匍匐的地下茎末端膨大如球,即是茨菇。立冬左右,农民在植株周围二寸处,把镰刀插入土中割断匍匐茎,使养分集中,球茎肥大。茨菇洗净风干后蒸熟,不须调味而自甘。若制糖果,以小如龙眼,又不损其蒂者为上品,今罕见。

马蹄。又名乌芋,学名荸荠,叶细长如管状,秋日叶顶抽穗如笔。地下球茎亦在秋季形成。冬至后马蹄皮红肉白,味甜汁多;立春后皮黑多粉,品质下降。泮塘多种水马蹄,形体较小,但生长期短、产量高、淀粉多。马蹄可作糕,是羊城美食之一;也可作肠粉添加剂,使其柔韧爽滑;若作菜肴粘附物,则有透明感。泮塘马蹄粉与藕粉一样驰名海外,远销东南亚及美、加。

茭笋。又称茭白,学名菰。高五六尺,叶平扁细长如蔗,花紫色;秋末结米叫茭米,白而滑,可以疗饥酿酒。地上花茎受黑穗病菌寄生的刺激,膨大而成肥嫩的肉质茎，粗如儿臂，洁白如玉。稍老的笋内有黑纹如线，更老的成为一包黑灰，不堪食用。泮塘所产有硬尾、软尾两种。硬尾种叶长大，较硬直，嫩茎呈坊锤形，九至十月收，亦称八月茭。软尾种叶细短，柔软微弯，株较矮，嫩茎呈长卵形，宜作双造栽培，早造叫夏茭，立夏至夏至收；晚造叫秋茭，秋分至霜降收。若茭笋登场，泮塘饮食店就会贴出广告招徕食客。近来广州竹笋甚少上市，茭笋遂有取代竹笋上席之势。

泮塘很久以前是海滩，又与人口稠密的西关相连，污水由泮塘河涌出海，泮塘底肥充足，又有大量粪溺资源，故五秀种得特别好。泮塘种植五秀已逾三百年，后来又引种了西洋菜和蕹菜，由于两者收获期短，产丰利厚，就取代了五秀，成为泮塘主要的水生蔬菜了。

始终激励着人们的队歌

陈耀祥

1937年12月初，中山大学抗日先锋队和中山大学附属中学抗日先锋队联合了广州学生抗敌救亡会、救亡呼声社、青年群社、青年抗日先锋团、留东同学抗敌后援会以及平津同学会(主要是“民族先锋队”队员)等团体，发起组织广东青年抗日先锋队。经过二十多天的筹备,广东青年抗日先锋队就在1938年元旦正式宣告成立了,公开发表了《广东青年抗日先锋队发起宣言》和《广东青年抗日先锋队组织草案》,并在1月下旬于广州石榴岗举行了大露营。《广东青年抗日先锋队队歌》也在这时候在营地上高唱起来。此后,广东各地的爱国青年纷纷组织起来,踊跃参加抗日救亡工作,队歌的歌声也在南粤大地上回响着。

这首激励人们斗志的歌曲,伴随许多同志度过自己的一生。歌词是:我们是英勇的抗日先锋队,我们是一支铁的队伍。我们不怕敌人的残暴,也不怕艰难和痛苦。喂!同志们冲锋要在前面,退却要在后头!喂!同志们努力奋斗,为祖国争自由!

抗日时期漠阳江的运输线

钟万全

五十年前,日本侵略军占领广州及广东沿海中等城市以后,漠阳江流域成了抗日的小后方。从阳江至肇庆间,由北向南流的漠阳江和由南向北流的新兴江,联成一条海盐水陆运输的生命线,给粤北、广西、湘南源源不断供应着被人称为“上味”和“回力丹”的海盐。

1940年，漠阳江从阳江县至阳春县春湾镇138公里河道，丰水期木帆船可载货三万斤，浅水期可载货二万斤。其中阳春县河道航行大小木船共有九百艘。随着从漠阳江北运的海盐数量增加，出现了一支专业运盐的船队。1942年，船民阮启鸿、张倍严等领头，组织“双恩盐场登记处”。加入登记处组织的初有民船四十八艘，后来增加到九十八艘。这支船队，承运阳江县双恩盐场的海盐，运达阳春县春湾镇石龙码头，经春湾海发盐业公司等盐商转手北运。运盐船从阳江北航春湾镇，往返一程，要十天时间。

由于大后方对海盐需求量大，海盐十分俏销，阳江县沿海农户也煮海水成盐。阳江县西部的儒垌、织篢、程村、沙扒等地沿海农户所煎的盐，由农民肩挑运输。其中一路，经阳春县八甲、双窖，向西北方过高州、信宜、罗定县境出西江；一路经阳江县塘口圩肩挑或牛车运至阳春龙门圩，盐商每天可收购盐三四万斤，以小木船载运，从龙门河、小水河东出漠阳江，加入北运至春湾镇的行列。阳江县东部沿海农户所生产的海盐，则由农民肩挑经大八扶民北运至阳春城。

阳春县北部和新兴县南部，为漠阳江和新兴江的分水岭。原于1928年4月筑成的新春公路春湾至河头段，1939年因防备日寇利用公路进犯而自行毁坏。1942年至1945年间，阳春县大小河乡和新兴县天堂、河头乡农民三千余人，形成了一支用手推鸡公车和肩挑的运盐队伍，从春湾镇石龙码头起运北上，经过县界蝻蚌岭，

到新兴县河头圩，陆路约四十五华里。独轮的手推鸡公车约四百余辆，每辆可载盐二百公斤。男女车夫夜间在春湾镇两条丁字形街道的骑楼下露宿，早晨三时装盐推车北上，铁皮钉木轮的车子行进时发出吱吱叽叽的声音，与公鸡群叫十分相似。陆运到达河头圩卸盐装船，北航往西江，转运粤北、广西等地；车夫再在河头圩商户处，装运从粤北、广西、湖南运来的百货和香粉、桐油、白麻、篾仔、薯莨等各种土产，运回春湾镇商户，转销漠阳江流域各地。

从漠阳江流域伸向西江流域的运输线，每年北运食盐约四万吨。抗日战争结束后，漠阳江运盐减少大半，1946至1949年，春湾圩至河头镇间每天尚有鸡公车二百辆运载货物。1958年新春，公路修通后，手推鸡公车已经绝迹。

广州电车公司的始末

陈　炳

1918年10月，广州市政公所成立后，开始拆城墙开马路。当局因需用经费，遂招商承办行驶电车，许以专利。

1919年，美国华侨伍藉磐(1885—1964，广东台山人)等，用广州电车公司名义，以港币一百万元向市政公所承得行车专利权。行车路线的范围，以广卫路省长公署为中心，向外伸展十公里为限；专利期间为二十年，行车种类为电车和配有八个座位以上的公共汽车两种。该公司被批准后，鉴于国内政局不稳定，又另在香港英政府中立案。

伍藉磐获得行车专利后，马上会同工程师朱汝梅亲赴美洲向华侨进行集股和调查当地汽车工程情况。由于海外华侨踊跃投资，几个月后，伍藉磐就带着资金回广州。与此同时，伍学熀、陈广兴、陈孔钦和余道生等人在香港也为该行招股。因而，在华侨和港澳当中，集得资金一百八十万港元。

该公司为了早日在市内通车，便紧接着组成董事会，推选伍学熀为总经理，伍藉磐为董事经理；办事处设在广九车站附近，由董事经理伍藉磐主持公司一切业务。经董事会讨论决定，该公司第一期工程铺设铁轨的路线是从广九车站起经越秀南路、万福路、泰康路直达一德西路(接近太平路)，这段路线在电车还没有行驶前，先行走公共汽车(当年叫“大巴士”)。这是广州市现代公共交通事业的开始，也为广州市交通事业的发展打下了基础。

1921年2月以后，市政府当局以电车不能由商人承办为借口，撤销承办案，取消专利权。在这种情况下，电车公司全部业务宣告停止，该公司在无形中破产了。

广州地区的“讲古”

张松龄

“说书”,广州人叫“讲古”。在明清时代,就流行于粤省各地民间。当时,在乡镇中架设茅舍称讲古寮,由讲古者主持,一般在晚间进行。许多工农大众,在劳动之余,都喜欢来听讲有趣的民间故事、历史小说等,作为一种消遣。那时,讲古人的收入是微薄的,业此者多为落魄文人,为了生存,只好以此维持半饥半饱的清贫生活。

民国以后,除乡镇中还存在讲古寮外,大小城市,一些劳动人民出入的大众化茶楼,有讲古茶座。还有一些公园,设有说书讲座,和保留传统形式的河南宝岗顶讲古地。后来,广播事业兴起,个别水平较高的说书者,应聘到播音台担任讲古节目。初期多以《三国演义》、《水浒》、《东周列国志》等历史小说为主。当时较知名的,有陈干臣、何觉非等。

抗战胜利以后,广州的私营播音台,如雨后春笋,达十数家之多。为了争取听众,增加商业广告的经济收入,各自出奇制胜。在讲古节目中,竟有所谓《天空小说》出现。其中以李我的节目,最受欢迎。他口齿伶俐,讲得声情并茂,把小说中人物,描述得亲切动听。他播讲的第一部小说是《雪映寒梅》。此后，相继播出《梵宫春色》、《梦断残霄》、《孽海痴魂》等，都受到全省粤语地区，甚至广西、港、澳听众的欢迎。到解放前播讲的《慾焰》(又名《肖月白》)，更是轰动一时。此外，粤剧演员林坤山也在广州广播电台播讲欧美古典名著，为青年学生所欢迎。

解放以后，广州地区的讲古，地位得到提高，受到党和政府的关怀重视，还成立了"说书学会"，继续有所发展。

广州的古树名木

张松龄

广州市现存古树名木，共有一百七十三株，分属十七个树种。其中的"老寿星"，首推沙面四街北面的一棵樟树，已有四百三十年历史，胸径一百六十五厘米。广州市政府为保护该树，特别拨出专款十七万余元，作为拆除圈树住户房子费用。

其次为光孝寺大殿后面的诃子树，胸径八十八厘米，传为虞翻手植，六祖惠能在树下落发，故很有名。后被台风吹倒，嘉庆七年(1802)重植，至今树龄已达一百九十年。

海幢公园内的鹰爪兰，树龄也有四百年，故有"未有海幢，先有鹰爪"之说。据《羊城古钞》记载:“海幢寺始为郭家花园……后有鹰爪兰,乃郭园所植,地改而兰仍茂。后郭氏花园并入海幢寺,寺僧呵护,几百年葱茏如昔,夏日兰花怒放,香气满园。”

海幢公园内,还有四百岁斜叶榕一株,原植寺西隅;解放后,迁入海珠区文化局内,胸径三十六厘米。该公园还保留两棵佛门“圣树”菩提树。一在前门北,胸径二百二十三厘米;另一株在花圃侧,胸径一百九十五厘米,两树均寿三百三十岁。

至于作为市花的红棉,最老的是中山纪念堂后门管理室西隅那株,胸径一百七十八厘米,树龄有三百多岁了。

旧日广州茶楼的女招待

张松龄

20 世纪 20 年代初,广州城内,还没有女性在饮食行业工作。后来,有一位麦雪姬女士,在永汉南路、高第街对面,创办平权女子茶室,后又在西关十八甫增设平等女子茶室。两店从掌柜到企堂、喊卖,全部由女子担任,开茶楼雇用女服务员的先河。此消息很快就传遍了整个广州,社会人士慕名而至者络绎不绝,生意兴隆,因而激怒了广州酒楼茶室公会;而社会上一些守旧顽固派，又乘机起哄，肆意抨击，诸多干预，两店遂被迫中途停业。当时，著名女律师苏汉生获悉，大感不平，为维护女权，遂挺身而出，仗义执言，遵循法律途径，终获胜利解决。饮食行业的女子服务员，得以合法存在。此后，涎香、陶陶居、占元阁等茶楼，也开始在卡位、餐厅，试用女侍(当时叫“女招待”)。不久，大三元、广州、文园、金龙、银龙、南园、西园等大酒家，相继以“女员招待”作招徕，招雇一些年轻貌美的姑娘做企堂。当年的“四大酒家”，还特别选雇一两个漂亮姑娘作“生招牌”，冠以小姐、美人、公主、皇后等种种称谓，并放大她们的照片，高悬门首，以广宣传。因此，先后出现过名牌女侍莫倾城、翁玩玉、黄锦云等。其中最红的，要数太平路(今人民南路)钻石酒家的所谓“钻石皇后”刘惠芬了。这些红牌女侍，当时人们叫她们“茶花”。

广东花馔

杨星荧

鲜花作馔，古已有之。广东是鲜花之国，花美可食的很多。兹介绍如下：

菊，菊花有幽香可辟腥臊之气，白菊花瓣常用以作羹，菊花蛇羹、菊花鲈鱼羹都是名菜。据称德龄《御香缥缈录》所载，菊花鲫鱼羹是慈禧喜爱的宫廷名菜。滚烫的肉粥洒上白菊花瓣,芳香可口。中山县的菊花肉是把白菊花瓣压在甜冰肉上,甘脆芳香,十分诱人。中山还有菊花宴,全席各菜都用菊花配制,别有特色。

金针,亦名黄花菜,是一种萱草的花,可以蒸肉、烩斋、放汤,甘滑可口。

剑花,亦名霸王花。它的干品常用以熬汤,味道甘美。昙花,用如剑花,但产量少,不上市,不如剑花霸道,开遍山崖石隙、颓墙碎瓦之间。剑花有经硫磺熏过的,黄净可爱,但熬汤有酸味;未经硫磺熏过的,颜色略暗,味道鲜美。

夜香花,聚生成簇,夜开,香气浓郁。用它炒蛋、放汤都可以。广州名菜酿夜香,先取肉糜酿入花中,再插一根红色火腿,形如花蕊,把花洒到汤上,如落花朵朵,随水漂浮,不只大快朵颐,更可赏心悦目。

南瓜花,用开水焯过,炒食,甘而滑。或以肉糜酿入鲜花中,摆碟清蒸,形款味香皆佳。

佛(扶)桑,叶如桑,花瓣卷起,势若飞,层出如芍药(不是大丽花)。红花的叫朱槿,灿烂如火、如霞。徐文长有诗云:“蛮花长忆烂扶桑。”绕篱种之,烂若锦屏。白花的叫白槿,今人少种。屈大均说:“其朱者可食,白者尤甜滑。妇女常以为蔬,谓可润容补血。”又说:“以其(朱槿)花蒸醋食之,能美颜润血……白者以为蔬菜,甜美可口,女子食之尤宜。予诗‘花当园蔬有佛桑’。”朱槿、白槿花可食,知者不多。

此外,桂花、兰花、荷花俱可入馔。

鲜花作馔,好处不少:

一、花朵色彩艳丽,赏心悦目,可以增强食欲。如酿夜香放汤,可谓色、香、味俱全,怪不得有人说,烹饪学应归入文艺学。

二、花朵营养丰富,不让果、菜。有人分析过,南瓜花所含的蛋白质、脂肪、钙、磷、铁、胡萝卜素、核黄素等,都远胜南瓜。因为花朵是植物的“精品妙章”,绝不可因为它只是花而轻视其养分。

三、花朵入馔可以却病延年。菊花、夜香花,可以明目去翳;剑花、昙花可以化痰止咳;扶桑可以润容补血;荷花可以消暑止血。总之都有食疗作用。

中秋月饼会

张松龄

自清末迄民初,广州月饼的生产销路,只限于饼饵业的饼家。早期较负盛名的,有谭同义、敬义信、梁广济等。民国以后,茶楼、酒家也开始制售月饼了。其中莲香楼、惠如楼、陶陶居、大三元、大同等酒家更不断改进,精益求精,从制作、选料、造型等,力求美善,后来居上。

后来一些饼家、茶楼为了扩大营业额和加强资金周转,有开办“月饼会”之举。一般分甲、乙两种，规定每种客户按月交纳份金若干元(战前的标准是在一元多以至二三元之谱)，从中秋节后开始，供足十二个月，到明年中秋节前，即可从该饼家、茶楼领取月饼一份。一般是“甲种”的加头月饼九盒；“乙种”的，则予足斤月饼九包。两种均附赠专为儿童制作的“胭脂花”或“公仔饼”一、两式。

参加“月饼会”的，多为受薪阶层、或劳苦大众，他们按月交纳份金，到明年中秋节日，就能得到一份可观多样的月饼，不愁为买月饼过节而伤脑筋了。实质上还有正价八折以上的优待，所谓“一家便宜，两家着数”，故当时的“饼会”，也吸引了不少市民。

闹新房

易仁

新婚之夕闹新房，古已有之，目的是增强婚礼中的欢乐气氛。粤俗闹新房，多在新婚之夕举行，也有在新婚翌夜举行。如大户人家请客，正日喜酌，翌日梅酌者，闹新房便在第三日的晚上。通常以新郎的案兄弟 (同学和年轻朋友)为主，以新娘为对象。置长桌于厅中，新婚夫妇并坐厅一端，案兄弟分坐两旁；也有新婚夫妇并坐厅中，案兄弟环坐的。他们分别向新娘提出务使难倒新娘的问题,使她忸怩不堪以为笑乐。如提出闺房内的亲昵话头或歌谣,令新娘复诵;或提出使新娘羞于回答的问题,强使她回答;或提出小魔术、小玩意,使新娘无法仿效;或中悬生果,使新郎新娘两口相对吃完如亲吻状等等。每一项目,新娘不能完成满意者,则由提者提出罚则,如罚生果若干百斤、香烟若干条、酒席若干桌、女伶堂会若干台等,高抬索价。新娘方面则由女傧相(大妗姐)及新郎分别求情请减,推磨一会然后商定,定期由女家出资遵罚。但也不过是由女家出些钱,请请客,唱一台女伶堂会,大家高兴一番就算了。至于葛洪《抱朴子》所述俗间戏妇之法,有“蹙以楚挞,或系脚倒悬,致使首伤于流血,折肢体,”类似这种粗野近于残暴的行为,乡间偶有所闻。但自欧风东渐,结婚仪式改变,特别是抗战胜利以后,似这样闹新房之习俗,也就无形革除了。

《夜半钟声》

冼玉清

早在五口通商以前，外国人口贩子已经在澳门拐卖广东劳动人民出洋。这些被拐卖者，表面上是“受雇出洋”，实质上是“契约华工”，即被当作“猪仔”一样卖来卖去的奴隶。

这种拐卖人口的罪恶活动，开始于19世纪40年代末期。到了1852年前后，被拐卖的苦力，已经多到当时所有的船只也赶不及装运的程度。外国领事与他们的人口贩子，分别在上海、镇海、宁波、厦门、汕头、南澳、香港、澳门、广州各地公开诱拐沿海劳动人民出洋，充作殖民地劳动力市场的商品。运输华工的船，叫做“浮动地狱”，船中死亡率很高。据一个统计，1847 年至 1857 年，从香港运去古巴出售的“猪仔”有二万三千九百二十八人，中途死亡者三千四百二十人，占全数百分之十三。外国人口贩子与中国的“猪仔头”的毒害，激起强烈反抗。他们积极的反抗就是暴动，竟至放火烧船，以期同归于尽。

《夜半钟声》是在贩卖“猪仔”的高潮中出现的。作者谭禹，号警迷子，顺德狮江乡人，当时旅居日本横滨。他在海外目击“猪仔”的惨状，著《戒拐贩人口出洋论》和《见闻实录》编成这本《夜半钟声》。由旅日华侨印送，原版藏横滨中华会馆。此书先后共印二万五千册，为清末印书发行数字的最高纪录。

谭氏的论文中说：“今有‘猪仔头’者，私与番客定谋，立券一年，交人数万，……以贩人口出洋为业。”又说：“贩卖人口的活动中心是在澳门。”当时的澳门“舟航繁集，买卖公行。”“猪仔”被拐后困在“猪仔馆”，“高墙数仞，恍居囹圄之中；暗室重局，如入酆都之狱。”然后押下“浮动地狱”(番船)，“押送者狞目张张，起行者低头窜窜。鱼贯蚁队，概行带下舟中；犬伏蛇行，遂即拘囚舱内。遍体之衣褐不完，果腹之饔飧莫继。食无箸而卧无床，直等同槽之牛马；身以羁而足以锁，真如入笠之豭豚。”其惨状令人不忍目睹。难怪作者会提出这样的问题：“试问一年装去若干，曾闻十载回来有几？”

《夜半钟声》里的另一篇文章《见闻实录》，

是拐卖"猪仔"的情况的翔实记录。从这篇文章里我们知道,当时被拐的人真是什么都有,连和尚、小孩都是被拐的对象。而在运送"猪仔"的航程中,也有好些人跳水逃亡的。

《夜半钟声》是一册对殖民主义人口贩子的声讨书。作为一本真实的历史文献来看,它今天仍然有一定价值。

伍朝枢收回广州港检疫自主权

欧安年

伍朝枢(1886—1934),字梯云,广东新会县人。当南、北政府分立时,伍朝枢愤然离开北洋政府,南下广州,担任广州护法政府之外交次长。当时广州政府外交总长为其父伍廷芳,一时遂有父子同官的佳话。

伍朝枢担任广州市政委员会委员长之时间为1925年7月至1926年6月,其政绩可称者,首推他根据当时广州国民大会关于收回关税自主权,抵制英、美货的决定,指令广州市卫生局长司徒朝负责成立广州海港检疫所,拟订《广州市海港检疫条例》,并于次年起实施。

按中国海港检疫,始于清代同治十二年(1873),而广州市则迟至1921年,才正式实行海港检疫。但是具体执行检疫的人,却是由广州海关及各国驻穗领事团共同商定派出之外籍医生担任。1926年9月，当广州市地方政府公布《广州市海港检疫条例》之后，外国船舶仍有拒绝接受中国人执行检疫，自行驶入港口者。对此，我检疫所曾将违例的英国商船“富州”号有关人员拘解卫生局，科罚金三百元。这才逼使其余外国船舶，依章接受检疫。其违例擅行检疫的外籍医生亦纷纷具结，保证永不重犯。

据1926年9月17日的《广州国民日报》报道：“搭船归国之华侨，目睹中国医生身穿制服登船检验，均表示欢迎，咸称中国人能以收回海港检疫权由自己办理，免受以前外人留难阻滞，实为收回外人领事裁判权之先声，亦国民政府之一项政绩，莫不欣然色喜”云。

赞华侨捐资办学精神

郭建成

记得青年时期在新加坡念书，老师曾不止一次向我们的同学宣扬华侨前辈热心捐资兴学的精神，勉励我们要努力学习，不要辜负前辈的期望。从那时起，我开始对华侨的这种善举有所认识，并产生了敬仰之情。特别是当我后来从母校早年的校刊和其他资料，了解到一些当年华侨前辈，为了办学而出钱出力的生动事迹时，更感到他们不仅是“体国家之危急，念需才之孔殷”(见陈嘉庚先生 1919 年 3 月 21 日在新加坡南洋华侨中学校开校典礼上的演说词)，而且反映了一种不平凡的先进思想。

我的母校新加坡南洋华侨中学（简称“华中”），是 20 世纪 20 年代以来，东南亚较有代表性的一间华侨中等学校。在这间学校创办之前，“南洋各埠小学林立，素无总机关为之比较”，“且旧习有省府之界”(见上述陈嘉庚先生演说词)，甚少由各“省府”统办的全侨性中学。所谓“省府”，即指当时在东南亚华侨社会按原籍区分的“帮”。通常有闽、广、潮、客、琼及福建、广东二省之外的所谓“三江帮”。“华中”由各帮共同创办，在当时是一件不平凡的事，它反映了在华侨社会帮派观念还十分浓厚的情况下，他们把鼎力发展侨教看成是高于帮派利益之上的大事。不少侨领为了办好这件大事，不仅自己带头出钱，还不辞辛劳相约定期上街劝捐。如广东澄海县人、同盟会新加坡分会创始人之一的林义顺先生，就是当年出钱出力，最积极参加上街劝捐活动的华侨之一(见“华中”首期校刊)。

特别值得赞扬的，是不少侨领并不将捐资办学作为自己发财致富后的“施舍”，而将之看成是国家、社会一分子应尽的义务和责任。陈嘉庚先生于 1918 年 6 月 6 日“华中”的一次筹办会议上有这么一段感人的话：“世界无难事，惟在毅力与责任耳。夫公益义务固不待富而后能尽。如欲待富，则一生终无可为之日，倘能及时为之，设捐现有之财百分之五或二、三，何损于吾富。财自我手辛苦得来，亦当由我慷慨输出。”在 1919 年 3 月 21 日“华中”开校之日，陈嘉庚先生还说：“吾侨胞客此异域，财利能如是发达者，赖富于竞争之志，然既竞争财利于海外商场，亦当竞争义务于我国社会，勿甘居守财虏之名，尽国民一份子之职，使公益之事日益发达，愿同人共勉焉。”其对国家、社会之高度责任感，何等可贵。

陈兰彬护侨事迹

欧安年

陈兰彬（1816—1894），广东吴川县黄坡乡人，咸丰进士。同治十二年(1873)，他和容闳一道，率领第一批中国学生三十人，赴美留学，前后共一百二十人。接着，陈兰彬被清廷派赴古巴调查华工受迫害的情况。他抵古巴后，详细调查、纪录了当事人的有关书面证词，报告清廷。清政府随即与当时古巴的宗主国日斯巴尔亚(即西班牙)进行交涉。光绪三年(1877)，我国与该国驻华使臣重新签订《古巴华工条约》。华工的人身权利、地位然后初步有所改善。

次年，年已六十三岁的陈兰彬以太常寺正卿被派出使美国、秘鲁、古巴三国。

当时古巴订有“行街纸”制度，如华工无行街纸，则被剥夺了出街的行动自由。在街上盘查的军警，一经发现华工无纸行街，轻则罚当劳工，重则拘禁作为奴隶人口发卖。这种“行街纸”需由各国领事代办，重税之余再加上诸多条件。由于中国在古巴未设领事，华工只好以来自香港、澳门或美国为名。即令如此，多数华工在饱受敲诈之余，仍是领取不到。陈兰彬到古巴后便奏清廷，与日斯巴尼亚驻古巴总督交涉，设置中国驻古巴总领事馆和各埠领事馆。随即向古巴当局提出交涉，释放因无“出街纸”而被囚华工一千多名。

领事馆设立后，陆续为华工领得了“行街纸”四万三千多张。华工均得以自由谋生。同时，过去的歧视华工条例，也大为删除。华人可以随意穿上中国民族传统服饰，坐上大马车，自由出入公共场所。当陈氏回国时，美洲华侨还为其建立生祠。

“守清”与“代清”

陈华新

提起“自梳女”，人们尚能知道一二，若提起“守清”与“代清”，恐怕知之者不多了。原来“守清”与“代清”，也是清代盛行于南海县一带的奇怪婚俗。“守清”是指订婚后未正式结婚，丈夫便死去，未婚妻仍要过门，披麻带孝守寡。“代清”是指经济上能够独立的未婚女子，她们不愿结婚，而又认了一男人为“丈夫”，出钱替“丈夫”娶个妾侍，自己名义上是“大婆”(正妻)，从不与丈夫同房，生前不到夫家，死后才将神主牌安放到夫家。因为出钱请人代自己出嫁，自己守清寡，故称“代清”。

“守清”、“代清”与“自梳女”一样，也盛行于南海、番禺、顺德等县。康有为的《康子内外篇·人我篇》说：“守寡不已，则有守清，守清不已，则有代清者，余乡比比皆然。”可见其流行之一斑了。

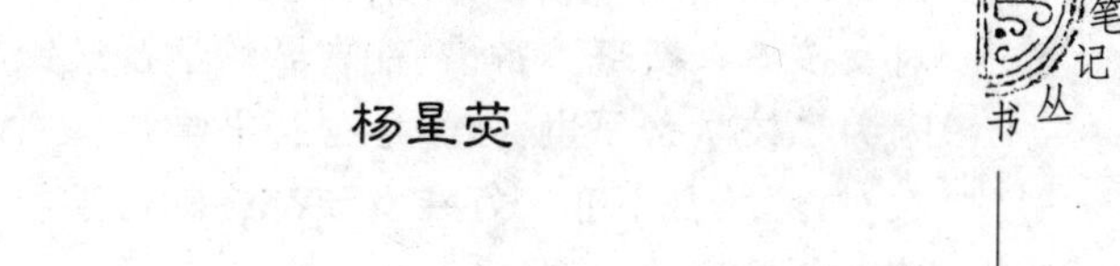

侨乡妇女

杨星荧

我家在南海县一个侨乡，由于华侨思想比较开放，妇女也得叨光，民国前后，我乡妇女便有这样的情况：

一、天足不缠。封建社会对于妇女，无论精神、形体都严加束缚，多所讥弹，要求女子樱桃小口，莲步姗姗。说什么“男儿口大食四方，女儿口大食穷郎”，或“脚大如船”。我乡妇女个个天足，故走路、下田、挑担，无不方便。她们也有几句歌谣，向传统陋俗挑战，那就是：“口大好讲话，脚大好行路，臀大好空裙。”

二、主持祭扫。广州及其近郊，祭祀由男子主持，女人不扫墓。我乡中老年男子多在外洋，祭祀扫墓全由主妇负责。清明祭扫，几家主妇联袂同行，带领儿女媳妇携篮托蔗，迤逦登山，既是司仪，又是主祭。只有祠堂分肉、远程祭祖，才由乡中耆老操办。

三、读书入学。我乡男子赴美，十年才返家一次，如遇战争，不只十年。我伯父最后一次回家，距离上次足有十四年，伯母因此烧掉他的护照及有关证件。既然十年才得一聚，所生孩子无论男女都如珠如宝，女孩也可入学。她们在乡里念完小学，再到县城佛山念中学，或到广州入寄宿学校。做母亲的尽管平时十分省俭，餐餐吃个长命钵(蒸肉钵，长期不洗)，夜夜月下搓麻线，但对女孩学杂费毫不吝惜，往省城的学校送银元。因为私校学费昂贵，孩子还得买书学琴，吃饭穿衣，自然所费不菲。好在女孩都能勤奋学习，不致辜负母亲的期望。

出国做工的女侨胞

郭人驹

在解放前靠亲友挈引出国做工的华侨中，多是男同胞，赚钱后寄回家中赡养眷属的。而广东中山、花县、南海、三水等县，却有一些妇女出国谋生，赚钱赡养亲属的习俗。这些女侨胞在海外有的当佣工，有的做建筑工人、泥水杂工之类的体力劳动，按地方的习惯和工种以及头部装饰的不同，被称呼为“姑婆”、“红头巾”或“蓝头巾”。

在珠江三角洲桑塘地区，历来有女子不嫁，留家帮助父母料理家务、抚养弟妹的风俗。女青年决定不嫁时，择日宴请亲友，拜神发誓，保留发辫，称为“梳起”。人们对这些女青年称做“姑婆”，俗称“自梳女”。

大约在清道光年间，香港、广州、上海的一些官宦商贾之家，兴起使用管家、主厨、奶妈之风，于是开始有些自梳女进城当佣工。到光绪二十五年前后，“自梳女”谋生之地，扩展到东南亚主要城市。据说发展到20世纪40年代，仅中山县古镇、海洲、曹步等三个村镇，“姑婆”到新加坡、吉隆坡、巴达维亚(今雅加达)、西贡、曼谷、清迈、金边等城市当佣工者，就达千人以上。太平洋战争爆发后，出国基本停止。日本侵略者投降后，“姑婆”出国之风又起。至50年代，仅中山县“姑婆”出国者就超过五百人，古镇、海洲、曹步三村镇几乎凡生活过得较好的家庭都是依赖出洋“姑婆”的资助。不少“姑婆”还汇款回家建造房屋。有的出国后还引荐家人出国。在花县、南海、三水的一些乡村，也有妇女相率出国当泥水工人。她们因为文化水平低或根本不识字，只能在建筑工地做临时工，干搬运、拌灰、刷墙等粗

重活。工地上灰尘滚滚，她们便戴头巾以遮泥尘，并以颜色作为籍贯的标志。如花县、南海人都戴蓝头巾，三水人则戴红头巾。她们在外省吃俭用，积钱寄回家乡养家，有的还热情捐款为家乡办善事。

潮汕侨乡的特有风俗

人　驹

广东潮汕地区解放前出国谋生的人，绝大多数往东南亚各地定居。经过长时期的频繁往来，在这些华侨的故乡形成了种种与迎送亲人"过番"、祝愿亲人在外平安顺利有关的特殊风俗。其中较流行的有以下几项：

"送顺风"。侨户有人要出国，或华侨回国后要返侨居地，亲友邻居就拿些礼品如糖果、饼食之类到来相送，俗称"送顺风"，即祝愿离家者一路平安，顺风得利之意。

"落马"。逢有亲人从海外归来(俗称"番客"回乡)，乡里亲朋戚友就会送来礼品（主要是猪肉、鸡蛋)，表示接风或洗尘，俗称"落马"。回乡的归侨，则赠以面巾、水布和糖饼或其他从海外带来的东西。水布是潮汕劳动人民生产、生活的必需用品，被看作是潮汕人勤劳的象征。

"演顺风戏"。华侨较多的乡里，在旧社会每年农历八月，由侨户凑钱请潮剧或外江大戏酬神，小规模的则演潮州纸影班，目的是祈求海外亲人平安，俗称“演顺风戏”或“演番客戏”。

解放后，以上侨乡的风俗随着社会的进步和归侨侨眷生活的变化，在表现形式和内容上已与解放前不尽相同，但作为迎送国外亲人，祝愿亲人在外平安顺利的习俗，依然继续流行。它体现了侨乡人民与国外亲友的亲密关系。

辛亥革命与香港青山红楼

吕　器

九龙屯门青山湾的青山红楼，地僻处海陬，距今九十年前，乃荆榛丛生、人迹罕到的荒山坡。而今天的青山湾已是景色迷人的海浴胜地了。在今“红楼圣地工艺品中心馆”内，陈列有辛亥革命文物；馆旁竖有一尊气宇轩昂的孙中山全身塑像；往后，进入飞檐门坊，有一座楼高二层的古屋，即是红楼。通过红楼前一条红花绿荫的小径，便是一座开朗的广场，这里矗立着一座“孙逸仙博士纪念碑”。碑建于 1968 年，铭刻着孙中山的革命勋业。

青山红楼是当年香港“革命富人”李纪堂所办农场的管理事务所。李纪堂在惠州三洲田起义失败之后，择此地举办农场，完全直接得自孙中山之授意。孙中山认为该处丛林茂密，人迹罕至，易于掩人耳目，既足为秘密策划之根据地，又足为党人之逃逋薮。1907年潮州黄冈与惠州七女湖两役失败后，起义者皆逃匿其间，得保安全；其他诸役之亡命同志，落脚于此，得以避清吏之通缉者亦繁有其人。1943年冬李纪堂病逝于重庆，冯自由挽联中有句“多少困穷亡命客，望门投止等归乡”，即指此也。当年农场并秘密设有军械库、炸药库、粮饷仓，茂林修竹之间，还辟有为党人练习射击的靶场。汪精卫、黄复生、刘忠复、喻培伦诸人组织暗杀团，欲暗杀清吏，恒在场内作秘密爆炸试验。遵孙中山之嘱咐，每有同志到此，李纪堂皆供应一切，热情招待。每逢爆炸试验，李纪堂还亲自驾驶小火轮，为同志“望风”，以防不测。

辛亥黄花岗起义前，黄兴曾驻红楼，策划军事。起义人员之集合、组织、接待，军械、饷糈之筹划运济，方略之执行，通讯之联系，莫不与青山红楼攸关。

孙中山手植酸豆树

欧安年

酸豆一枝起卧龙，当年榕树已成空。阶前古井苔犹绿，村外木棉花正红。早识汪、胡怀贰志，何期陈、蒋叛三宗。百年史册春秋笔，数罢洪、杨应数公。

这是郭沫若先生于1962年3月8日访中山市翠亨村中山先生故居所作的诗。笔者于七十年代专程晋谒翠亨村中山故居时，还购有一张"孙中山先生亲手种的酸子树"照片。这棵树是中山先生少年时所植。而这一宗轶事却鲜为人知。

这棵酸子树正名应为"酸豆树"，现已亭亭如盖，生机勃发，令人驻足流连。据史料：孙中山先生出生于1866年，直至十二岁(1878)才随母离乡，赴港转檀香山。原来，这棵树龄已达一百多年了。

该树又有人误称之为"罗望子"、"罗晃子"，不确。它乃是属于常绿乔木的豆科。小叶极多，夏季开花，呈黄或橙色(略有微红)。荚果长椭圆形，长约五厘米，外有薄而脆的果壳；内有软肉。盛产于热带地区，我国云南、广东、广西、台湾亦有引种。

至于郭诗的第二句“当年榕树”，印证史料，原来是孙中山先生在童年时，常和同伴坐在大榕树下，听取村中父老闲谈太平天国的壮烈史迹。可惜榕树至今，已经荡然无存“已成空”了。看来，现仅存的“酸豆树”，极有必要悉心保护，让它作为一代伟人手泽的见证。

李根源重修张九龄墓

龙潜庵

唐代名相张九龄，广东曲江罗源洞人。他的祠墓，也建在家乡罗源洞。墓久失修，现在见到的祠墓，是1919年由李根源主持重修的。

1918年间，滇军在粤时，李根源任驻粤滇军总司令，兼督办粤赣湘边防军务。他视察粤北时，景仰先贤，将祠墓重修。1926年间，张发奎驻军粤北，在靖村对河渡头坝，筑一条“唐中书令张文献公墓道”(公路)直达墓所。

我于1940年间在粤北时，曾到过罗源洞张九龄祠墓游览。进入墓道，首先见到道旁的“唐殿中监南康县开国伯张公九皋墓”(九皋为九龄之弟)，直行抵苦竹山，即达张九龄祠。有集句门联云：“曲江山水闻来久(韩愈句)；丞相祠堂何处寻(杜甫句)。”祠内有两匾，一题“风度余思”(岑春煊题)，一题“鹏翥南溟”(李根源题)。李根源并在祠内撰书一联云:“蜀道铃声，此际念公真晚矣;曲江风度,他年卜相孰如之。”再前行就见到张九龄墓。墓前有石鼓一对，分别书“樵苏必禁”、“竹帛犹存”。墓碑题“唐中书令始兴伯张文献公墓”,旁署“民国八年己未七月交通部长赵藩书，督办粤赣湘边防军滇军总司令陕西省长李根源重修立石”。右有《唐尚书右丞相中书令张公碑》,是重刻的。另有一块杜甫《八哀诗·故仆射相国张公九龄》(“相国生南纪”)碑刻。

张九龄墓于20世纪60年代发掘时，在墓室曾发现墓碑及砚石等文物。

按李根源(1879—1965),字印泉,云南腾越(今滕冲)人,故又别号高黎贡山人。早年留学日本东京振武学堂，为早期同盟会员。1908年夏间，在日本成立大森体育会，培养革命军事人才。回国后,于1911年间任云南讲武学堂总办,朱德、范石生都是他的学生。武昌起义,他与蔡锷、唐继尧等举兵响应,并建立军政府。民国肇建,1913年参加讨袁(世凯)之役,失败后,亡命日本。后回国,于1916年黎元洪任总统期间,曾任国务总理。1918年间,参加孙中山先生的护法斗争,任驻粤滇军总司令。张九龄墓,就在他驻粤这段期间重修的。后来他退出政坛，隐居苏州。他是南社社员,又擅书法,常与章太炎等为诗文之友，有过十多年优游林泉的生活。抗战时,他曾出任滇黔监察使,解放后,任全国政协委员,于1965年7月去世。

张民达的衣冠冢

曹其华

广州动物园左侧有一座革命烈士张民达的衣冠冢。

张民达(1885—1925),广东梅县人。早年加入同盟会,追随孙中山革命。历任建国粤军许崇智部营、团、旅长。1924年擢升第二师师长(参谋长叶剑英)。骁勇善战、矢志忠贞。1925年参与第一次东征,所向披靡,战功煊赫。四月初,为商议讨伐刘(震寰)、杨(希闵)大计,奉命从蕉岭驻地顺舟赴汕,适遇韩江洪水暴涨,船过潮州湘子桥时,覆舟遇难,沉尸未获,时年四十。许崇智痛失股肱。翌年初,一农民在距湘子桥东数十里的七都祠沙滩检获张的遗衣,内装袋表一个,刻有“民达弟存,汝为赠”字样。事商于许,出钱收回,并于乃兄许崇仪墓附近辟地营衣冠冢,厚瘗于广州市东北郊。许对人言:“葬民达于此,是拜先兄时可一同祭扫。”其情深谊笃,概可知矣。

是年春,经原建国粤军第二师参谋长、国民革命军第二师第二团团长叶剑英等呈报,国民政府军事委员会明令追赠张民达为陆军上将。1953年,中央人民政府授予张民达革命烈士称号,茔墓列为文物保护单位。

梁启超故居散记

陈占标

梁启超故居，坐落广东新会县环城茶坑村嘉亨里(今茶坑村第二巷门牌第十三号)，一间青砖黑瓦的典型南方建筑。但造型别致，既具浓厚的民族形式风格，又兼有中西合璧韵味。

房子并列正屋和偏屋，均有门前的小天井，外面绕以高墙。走进外横门，进入第一个小天井，便是偏屋，狭长，称“便厅”，是用膳所在；侧有“水巷”登石梯级上屋顶小楼台。台的一端建有四角飞檐的楼亭，站在台上，凭栏远眺，东北可见枕凤山熊子塔；西南放眼银洲湖。

下楼再走进正屋横门，进入第二个小天井，就是正屋了。门梁高耸，气派森严。厅两边均有耳房、楼阁，踏上宽平的板梯至楼上，则有“走马灯笼”式的曲折栏杆，可俯望地面，呈现一派古色古香的景象。

梁启超少年居处没有这种“气派”，这房子是他父亲梁莲涧先生后来才修建的。建于何年，至今仍不可考。光绪三十三年(1907)梁莲涧有信写给梁启超，说到修建房子事：“我等已由澳门迁回乡中，亦欲在乡建屋一间。现已重修旧馆，约用去银一百余；若再建新屋，必需三千之数始敷用，所以收丛报如此多银即此意也。”由此可见，当时才着手准备建屋。信中的“旧馆”是指梁启超少年读书的祖尝屋“怡堂书馆”。因此，梁启超故居的修建时间，新会县人民政府于1983年6月1日镶碑镌石时定为“清末——民初”，比较可信。

据当地老人回忆，梁启超出生的房屋，是他祖父梁延后分到的那间狭小的祖屋，在嘉亨里，今第六巷第八号，也是砖瓦房，离故居不远。故居未修建时，只是梁启超少年时生活的地方。

话说竹衣

谢镇锋

1990年5月20日，《广州日报》转载《文汇报》消息：四川发现一件竹衣，并刊有照片。从照片看，竹衣已残损了。这是一件极少闻见的古老事物。

我忆起童年时在家乡从化南头村骆凤楼老师私塾里读书，在他的居室里看见过一件竹衣。那是用筷子粗细的竹枝，截成一寸长左右，用小绳子穿着结成方格，组成一件成人唐装大小的竹衣，完好无缺。竹子颜色已呈焦黄色，可见经历相当年月了。当时觉得很新鲜，别处从未见过。经过大半个世纪的沧桑，凤楼老师早已物故，那件竹衣想亦不存在了。

据说竹衣是在夏天贴身穿上用来隔着衣服，免至汗渍，以保持通爽凉快的。暑天酷热难当，大概在古时，一个有身份的人，即使汗流浃背，也是连结衣襟，不会袒裼裸裎的，那么穿上竹衣，至少能稍减汗渍之苦。

但竹衣究竟是我国人民的创造，在古代科学未昌明，风扇、空调机之类未产生，它也算得纳凉的先进之物吧。但目前只能视之为一种文物罢了。

“秋波”琴小史

莫仲予

广东四大名琴之一——“秋波”，传为唐代雷威所制。长三尺强，黑漆，琴首镶有长方形白玉，背首刻隶书“秋波”二字，背腹篆刻“戛玉鸣金”四字白文方印。原为宋杨万里所藏，后归明益王内府。

香山(今中山市)小榄人卢本潜为天启进士，掌谏垣，思宗时奉命册封益、桂两藩。益王出“秋波”琴及一金印劳之。后本潜女适同里李剑山，因以琴为媵，“秋波”遂归李氏拾月山房所藏。至咸丰初年，琴漆已剥蚀殆尽。时剑山后人李荫田以田产纠纷，缘同乡何斌襄之力得解。荫田德之,斌襄因是乞借琴一弹,遂久假不归。斌襄且取付琴工,修补胶漆,并于琴背腹部刻有重修题记。荫田深悔不及,因赋《秋波叹》,并序以志恨:

秋波者,予家藏琴名也。拂拭无人,剥蚀殆尽。友人何斌襄一见爱赏,取付琴工,修补胶漆,音韵清亮,里人羡之,而不知为予故物。一日,偶读剑山祖家传,始知琴传自杨诚斋,为公生平至爱,欲赎无从,殊深怅恨。虽幸珍物之得主,深憾手泽之不存,诗以写心,命曰《秋波叹》。

繄昔延陵不忘故,带剑千金弃丘墓。
矧为孙子守家珍,法物如何善呵护。
我家有琴名秋波,五传手泽重摩挲。
父老能言剑山祖,当日读书弦且歌。
波涛沸沸指际起,花在春风月在水。
琢自何人唐雷威,传自何人杨万里。
一朝弦断人亦亡,束之高阁琴无光。
丹青剥落蝮纹折,雁足散失龙池僵。
少年不知珍重藏,出以赠友情慨慷。
揭来一夜读家传,始知祖物经年长。
欲赎无赀气先沮,欲乞此情难晤语。
不作范乔执砚悲,但惜籍谈数忘祖。
琴兮琴兮可奈何,听之每觉心魂苦。
平生抱憾此最深,甑纵生尘不典琴。
他日黄泉若相问,人琴俱渺情难任。
秋波淼淼秋江浔,秋江浩浩秋波音。

秋波已去知难返，每对秋江泪满襟。

荫田临终遗言："后世子孙能以琴归者，泉下乃无遗憾。"迨后，其侄达庐求之不得，乃刳木为琴形，悬诸厅事，仍遗言其子蟠曰："先人手泽，宜子孙永宝，"以示不忘于"秋波"也。

李蟠字仙根，少肄业陆军小学。留学日本时，结识胡汉民、廖仲恺，得介识孙中山而受知遇。陈炯明叛，蟠犯难随侍。1920年蟠初长中山县时，何氏已中落，琴亦两易其主而归里人缪凤群，蟠求归"秋波"不获。迨蟠任大元帅府机要秘书时，缪氏虽诺归琴而未践。1935年，蟠复任中山县长，再调长粤汉铁路局时，缪已出家为黄冠，其道院以违官禁为有司勒封。缪氏浼蟠为之缓颊得免。缪感之，乃归琴为谢。蟠大喜，报以"玉仙杯"。至是，"秋波"复归李氏秋波琴馆。1940年，中国文化协进会在香港举办广东文化展览会，李蟠以"秋波"琴出展，并系以诗云：

悬梦升平世既遥，故家乔木日萧条。
楚庭风雅垂垂绝，南海珠尘黯黯销。
人事渐随时势换，古魂愁向异方招。
寻常一物关兴废，我抱秋琴阅四朝。

广东名琴“都梁”

莫尚德

薛始亨，字刚生，号剑公，广东顺德人。府学生，少从陈邦彦学。初居羊城五仙观侧，与邝露比邻。丙戌之变，遂返龙江，杜门二十年。尝谒罗浮华首宗宝和尚为受记，又从鼎湖在犙和尚受戒。遇异人授以剑术，因又号剑道人。遁迹西樵、罗浮，亦号二樵山人。尝以香木斫一琴，名曰“都梁”。琴为连株式，轸及雁足均青玉为之。护以锦囊，琴底颈部刻篆书“都梁”二字，其上又刻行书铭文四行：

有泉石韵，有圭璧之容，雍
雍乎以雅以风。使非老其
材，何以垂声于无穷。
空山子书为剑道人。

钤“空山”朱文小印。空山子名籍不详，而铭文则见载于《蒯缑馆十一草》，题为《归昌琴铭》。龙池两旁刻有篆书铭文：

海外奇树，葳蕤播芬。于穆殷荐，鸣鸟攸闻。

无作者名款。琴腹内复有一铭，墨书，文义隐晦不可解：

一去天上，二曜恒升。咏歌忘言，甲子除乘。可括囊口，主酬客寿。士也一寒，寸帛

露肘。有莘耘耔，人远余思。时无寸土，篷羽高飞。厥词隐晦，鉴者察微。

薛剑公识。

下有印章，漫漶不辨。友人唐健垣辨认为：“大明永历丁酉十月辛未日造”十二字。据此，则琴斫于顺治十四年(1657)。琴池下又刻印二方，一曰“锦岩何蒙夫藏”，一曰“钦州钟仁阶宝藏”。此琴久庋罗浮茶山观，1933年始流于外，为钦县钟仁阶购得，辗转入顺德何曼庵灵璧山房，今归何蒙夫诗境庐。1972年，何氏曾将琴假香港中文大学中国文化研究所文物馆古琴展览会展出。

薛始亨为吾粤明末民族志节之士，粤人宝其遗琴，非独以其为三百余年之古物而宝之也。

朱启连与“寒涛”琴

莫尚德

朱启连(1853—1899)，字棣垞，原籍萧山，寄寓番禺，执信先生之尊人。光绪二十一年(1895)学琴于浙江张廉甫，尝以琴律就正于陶子政中书。居常相与讲论，琴学者有章珠垣、叶秩甫、杨子瑞、何镜如、陈叔举诸人。寓广州城内纪纲街鄂弥达祠，故所著琴论曰《鄂公祠说琴》。是书系光绪二十四年(1898)原稿本，内分琴律浅说、琴律余说、旋宫相生音律图表、十二箫律表及校正琴谱《古怨》、《代徵招》两操，合共四卷。所蓄琴“寒涛”系明代陈献章遗物。据近人郑逸梅《艺林散叶》云：“启连有一记载：‘琴为白沙先生物，子孙世守四百余年，朽矣。其乡后进高仲和为修完之，顾贫，不能有，介高以售于余。’”闻解放后，朱之后人献与国家保存。

广东官办造币简史

欧安年

明万历年间(1573—1620)，外国银元大量流入中国，最早为西班牙属地墨西哥铸的“本洋”。1821年墨西哥独立以后，其自铸“鹰洋”也大量向中国输入。同时，外国银元流入中国的，还有美国、日本、印度支那等地。估计辛亥革命前夕，各国银元在中国流通的，约达十一亿元之巨。

道光年间 (1821—1850)，中国开始仿铸银元，由于成色低劣，民间拒用。这时，两广总督张之洞首先在广州创办钱币铸造业。

光绪十三年(1887)，张之洞奏请于广东设立“银元局”(后称“广东钱局”)，电请清廷驻英公使刘瑞芬，向英国喜敦厂定购机器，并择地在广州大东门外黄华乡(今黄华路一带)建厂，占地八十余亩。

光绪十五年(1889)五月，广东钱局开始铸

钱,每枚重量一钱,一面镌“光绪通宝”,另一面镌“平一钱”。成分比重为铜六铅四,是为中国官方使用机器铸造钱币之始。数月后,在广州以至全国市场流通。次年,复在钱局内设立银厂,正式开铸银币,共分七钱二分、三钱六分、一钱四分四厘、七分二厘、三分六厘等五种规格。其中“七钱二分”为主币(相当一元),一面镌“光绪元宝”四字,汉满文合璧。由清政府下令作为“法币” 行使。是为中国官方使用机器铸造银币之始。光绪二十六年(1900),广东钱局开铸铜元。铜元一百枚换银币一元,即每枚当制钱十文。除一面镌汉、满文外,另一面镌英文“广东一仙”,是为中国官方使用机器铸造铜元之始。

辛亥革命后,广东钱局改称广东造币厂,继续承担制钱造币的任务。今天,广州市黄华路附近的造币左路、造币右街,还有钱路头和钱路头后街,其得名都和广东钱局有关。

关于“毛公鼎”

刘作忠

毛公鼎又名厝鼎或毛公厝鼎,为公元前 827年,西周宣王姬静的叔父毛公厝所铸。鼎高1.75尺,立耳,深腹,圆底,蹄足;其沿下饰一道带状重环纹,下加一道弦纹。其铭文三十二行,连重文四百九十七字，为传世青铜器最长的铭文。

清朝末年，毛公鼎落到两江总督端方手中。辛亥革命爆发后，端方被杀。1916年前后，英国记者辛甫森曾企图以五万美元购买此鼎。还有一日本人也在打毛公鼎的主意。经国人阻止，这些阴谋终未得逞。毛公鼎后被质押给天津华俄道胜银行。经过这场风波，毛公鼎身价陡增，尤其学术界都以国宝重器礼遇，实获商周青铜器所未有之最大荣尊。

1926年，曾任国民政府铁道部长、国学馆馆长的叶恭绰，买得毛公鼎。后来，叶恭绰携鼎由北平迁居上海法租界劳里育路卫乐园三号。

1937年底，上海沦陷后，叶恭绰避乱香港。毛公鼎及书画藏品来不及转移，而仍留在上海。1940年，叶妾潘氏，欲侵吞毛公鼎及叶氏在上海的家产。叶氏闻讯，即电召正在昆明西南联大任教的侄儿公超至香港，商谈讼事。见面后，叶恭绰对公超说："已经有美国人和日本人两次想高价购买毛公鼎，我没有答应。现在我把毛公鼎交付给你，日后不得变卖，不得典质，尤其不能让它出国，有朝一日，可以献给国家。"

叶公超到上海不久，日本宪兵队根据叶妾潘氏的密告，搜查了叶宅。结果，先搜出一些字画，接着发现两支手枪，遂将叶公超以间谍罪而拘捕。幸而卧榻下的毛公鼎却没被搜出。

叶公超在日本宪兵总部身遭四十九天囹圄之苦，曾七次被审讯，两次受鞭挞、水刑，但始终未说出毛公鼎的藏处。1941年夏，叶公超由其兄

具结作保释后，携毛公鼎秘密逃到香港。这件价值连城的国宝终未落到洋人手中。

1933年的孙中山故居

黄秋耘

1933年，我还在香港汉文中学读书，春假期间，偕同学韦志仁君赴澳门旅游。当时物价很便宜，由香港前往澳门，统舱船票只收港币二角。在澳门搭自行车尾去翠亨乡，每人只花一角。我们此行目的是专程瞻仰孙中山的故居。当时故居的规模、格局，与今天基本上相同。但因年久失修，木楼梯已岌岌可危，险象环生，屋瓦也残缺多处，时有积水下滴。故居中只有一老叟及一老妇人看守，不收门票，任由游客解囊赞助，我们只给了一毫钱港币，他们就欢天喜地了。

返港后，我就所见所闻写了一首旧体诗，投给《华侨日报》副刊，居然被刊用，稿酬为书券二元，已超过途中所费了。这首虽然近似“顺口溜”，但系髫年所作，亦可留念，谨据记忆所及，抄录于下。询之韦志仁君，他一句也记不起来了。

访翠亨孙中山故居

春雨细如尘，东风利如戟。我从海外来，远访总理宅。老叟导前路，自言总理侄。向在檀香山，归家才数日。老妪总理姊，感慨话当年："阿文为革命，不惜鬻田园。所余此老屋，仰首可窥天。"我虽一匹夫，要亦愧斯言。盖自总理殁，国事日不前。北伐成功后，萁豆寻相煎。满蒙相继失，金瓯不复完。鲁阳岂无戈？祖逖岂无鞭？有石何不勒燕然，有丝何不绣平原。安能楚囚相对泣，萧萧泪洒新亭边！

从化温泉最初的建筑物

冼玉清

从化温泉，自古有之。只因为无人发现与利用，遂致湮没于荒烟蔓草之间，只供乡人洗衣涤器而已。1931 年以前，温泉区还是一个烂泥塘，环以坑田。

发现的经过是这样的：当时从化县长李务滋下乡视察，去到青龙头村，看见乡人在泥塘边热腾腾的水里洗衣。根据他的知识判断，认为这是一个温泉。他出广州时，把这发现告知他的朋友律师陈大年，陈大年转告珠江颐养院院长梁培基。于是约同云南航空公司副主任刘毅夫偕李务滋来游，用玻璃瓶子载运泉水返广州，交给颐养院德国医生柯道化验。化验结果，证明这些泉水有治疗风湿病及神经衰弱功效。于是他们大力作口头宣传，逐渐就有人前来游览。

第一个为温泉作文字宣传的就是我。记得李务滋辗转由友人介绍认识我。1931年1月20日，他和他的两个朋友邀我来游。当时路程十分崎岖，坐汽车，转轿子，又转船才抵达。归来后，我写了一篇《从化三日游记》，这是第一篇介绍温泉的文章。该文在广州《七十二行商报》发表。未几，香港报纸转载。从此社会人士，才知道从化有一个能起医疗作用的温泉；才有人注意把它建设为游览区。

游人既渐渐对温泉感到兴趣，来游者也渐渐多起来。但他们都是早去晚归，自携干粮如饼干、面包、罐头食物及水果等，坐在荔枝树下作野餐。连歇脚也没有一个安定的地方。于是陈大年、梁培基、刘毅夫、李务滋各科银九十元，共得三百六十元，建一间竹棚以为坐立之所。该棚就在今大桥东南，即树立游览图的地点。建筑时拟用葵叶作上盖。但乡人说，他们山上有一种草名叫“马骝毛”，是最坚韧耐用的，大风不破，大雨不漏，能耐十年风日。于是即为采用，搭了一间日本式三大房一小房的竹棚。这个棚，三面有宽阔的长廊，可以坐立。棚的大房，可以住一家人，也可以住十多个人。家具椅桌全用竹器，取其轻便易于移动，且有乡村风味以别于城市化。

1932年3月，该棚落成，出资者同来之日，适值下雨。陈大年谓："《诗品》有'玉壶买春，赏雨茅屋'句，此棚在流溪河旁，今日又值下雨，就命为'玉壶溪馆'吧。"于是"玉壶溪馆"遂成为第一座接待来客的建筑物。

杏花楼——省港大罢工的誓师地

吕　器

香港名酒家杏花楼，在辛亥革命前期，是孙中山、杨衢云等率兴中会会员开秘密会议之所。也是爆发于1925年的在世界工运史上规模最大、坚持最久、影响最深远的省港大罢工的誓师地。

当年6月17、18两晚，中华全国总工会会长苏兆征和全总秘书长兼宣传部长邓中夏在此举行了不拘形式的誓师大会。这两晚的誓师大会，都是苏兆征主持，但从形式上谁也看不出谁是"东道主"，与会者都按平时自由饮茶的形式，三三两两说说笑笑，准时或提前从四面八方而来。看一看各方骨干分子都已到齐的时候，苏兆征便起立发问道："茶友们："五·卅"惨案发生以来，全国各地都大力支援上海群众的爱国斗争运动，我们怎么办？是袖手旁观呢？还是组织起

来以实际行动支援……”话音一落，各茶桌的工友激于按捺不住的义愤，纷纷争取发言，一致要求组织起来以实际行动支援。苏兆征又说：“目前我们工会林立，不相统属，如何能够统一行动呢?”于是一致通过了苏兆征提出的成立香港工团联合会的倡议和罢工的基本纲领。

翌晚，同时同地同方式举行规模更大的会，偌大的杏花楼一、二层楼都被与会群众挤得水泄不通，足有六百来人。港英政府也派了八、九十个密探混迹其中。他们被发觉后，便被群起呼斥，冷嘲热讽，有的还迳呼“打倒走狗”!结果令他们无地自容，悻悻而去。会上邓中夏作了言简意赅慷慨激昂的誓师动员演说，他出以组织家、演说家的词锋，列举无可驳倒的史实戳穿帝国主义的狼子野心，语语饱含着爱国主义激情和罢工必胜的信念。群众激动万分，全场热情沸腾。

6月19日傍晚，伟大的时刻到了，大罢工的波涛汹涌澎湃，几乎把整个香港吞没了。有些久被港英帝国主义欺凌压迫苦大仇深的工友，还打算罢工离港返穗时，悄悄在各家各户炉灶内安放盛满汽油煤油的瓶罐，待油受热爆炸起燃，把香港葬之火海，以泄胸中积忿!后经苏兆征、邓中夏等获悉，晓以大义，香港毕竟是中国人的土地和财产，不能这样做，香港才得幸免此难。

前清遗老在香港

陈 谦

辛亥革命后，清朝遗老多避地香港，他们不少是腰缠万贯的富翁。因此，他们未到香港前，已先派人前往经营府第。尤阔绰者，更于门前悬挂"某府"大灯笼，设门厅，派专人看守。他们既保留老一套的排场，又杂以西洋的新派头。所以他们家庭的生活，亦古亦今，又中又西，豪华奢侈，较诸内地遗老尤甚。

在老一辈的遗老中，多染阿芙蓉癖。他们俾昼作夜，下午三四时才起床，略进点心，又复吸烟，招客聊天，延宾看竹(打麻雀牌)，过其优游自在的生活。有些则组织俱乐部，仍是呼卢喝雉，吸烟唤妓，或买笑于石塘咀，或不惜万金一掷，卖屋藏娇。

服饰的追求：老者都是长衫马褂，夏葛冬裘。冬则以狐白裘、灰鼠裘相夸耀；春夏则以宁绸、熟纱、漳绒为名贵。年较轻者虽有从事工商业之经营，毕竟都是少爷作风，西装革履，粉面油头，衣服丽都。他们家中的太大、姨太太、少奶奶、小姐们，衣饰更为趋时。当时有名气的先施、永安、大新、丽华等百货公司，她们都是长期顾客。这几家公司还把他们的衣服尺寸，纪录下来，以备随时选料，加速赶制。有某家小姐，一季中结丽华公司的衣服账，多至二三千元。有些顽固的遗老，拒不剪辫，把辫发盘在顶上，覆以瓜皮小帽，俨然一派“满”官威仪。

1921 年 7 月 13 日，逊清小朝廷内务府，发下溥仪所作“福”、“寿”等字“御书”，香港得蒙“赏赐”的人，有赖际熙(清翰林院编修)、陈念典(清进士)、何藻翔(清进士、外部郎中)、苏志纲(清举人、内阁中书)、陈伯陶(清探花、提学使)、许秉璋(清举人)、卢宝鉴(清布政使衔、浙江候补道)、罗元燮(清盐运使衔、试用知府)及陈少墀(官爵不详)等，他们视为无上光荣，高悬厅事，以耀侪辈。

1925 年后，英、美所产小汽车如潮涌至香港，遗老们多置以代步。于是罗便臣道、西摩道及九龙塘等洋房大厦，纷纷建筑车房，他们又成为有车阶级。

至于每逢时节生日，他们更酒肉征逐，“一食万钱”，大有“朱门酒肉臭”之概。

香港废娼前后

白 桑

清末香江风月，不让秦淮，当其盛时，金粉豪华，管弦彻夜，真有十里春风、女闾三百之况。当时西娼悉集中于上环水坑口。至1903年，香港当局为繁荣西环，令所有妓院悉迁至石塘咀。1932年当局下令废娼。由是妓业一时大受打击，五十余家妓院。其中粤妓二千余人，如树倒猢狲散，石塘咀亦渐告寂寞，无复车水马龙之盛。时石塘咀十八家酒楼感于业务如江河日下，曾联呈当局请体恤商艰，收回成命，结果当局亦无若何办法，只好听之任之。然而公娼虽禁，弃明投暗之私娼，反形滋盛。

当娼妓未由港府征收妓捐，允许执业之前，私娼充斥，受黑社会压迫盘剥，有警察包庇私娼而私收贿赂者，当局认为由娼家情愿缴纳而非出于勒索，与法律无涉，置若罔闻。后曾一度驱逐此等私娼出境，然逐之去而复返，始行收妓捐，允许执业。收得妓捐办理花柳病院，直属警察局管理。妓捐亦由警局按月征收。计当时全港妓院三十一家，每家月缴经费五元，每妓月捐纳一元五角。禁

娼后,至 1947 年,花柳病院始告停办。

清末民初的香港吟坛

田益之

清朝末年,广州文人喜结吟社,由社内拟定七言联首,公开征求下联,优异者获奖,一时蔚然成风。辛亥以后,风气传至香港,港中文人骚客,趋之若鹜,盛极一时。

当时,以“香海吟坛”活动范围最广,由寓港的中文教师组合而成。以文武庙义学教师张秋琴为首, 假座义学课室雅集。知名文士如何炽云、叶茗荪、王子恕、陈觉是、邹稚雅等经常参加活动。那时征联称为“街对”。征联内容,以针对时事、月旦人物、借古讽今为主。征联远及内地,故佛山、大良等地,时有佳作入选。香海吟坛曾公开征联多次,每次将截卷日期、收卷地点、阅卷老师姓名及每卷卷资若干,在《香港日报》刊登广告,并在佛山、大良两地设立收卷处,汇集港坛一同评阅。每期分东、西两榜,分聘资望高深、学问渊博的老师在跑马地樟园酒菜部公开评选。放榜后,十名前则刊登报纸及印发金榜。冠军、殿军奖以袍金,其余按每榜取录名额,依次第奖给文具或用品。其首二三名及殿军,例由老师加具评语,以昭慎重。

民国初年,香港孔圣会亦曾有一次“街对”征联,聘李祐泉评阅。由于投卷不多,以后亦未再有举行。

第一次世界大战后,香港“街对”征联风气消沉,一蹶不振,在港文士,转入了“诗钟”的征逐。一时组织诗社,如雨后春笋,其中以1931年由谭荔垣(名汝俭)、黄伟伯(名棣华)等发起创建的“正声吟社”组织最大,但无固定社址,以荷李活道某义学教员邓晃云(名绍先)为召集人。每期先将拟定“钟眼”(钟题)向外分发,定期在指定酒楼雅集,参与者携卷赴会,不收卷资,只收会宴席金。当时逊清遗老如温肃、朱汝珍、赖际熙、江孔殷、区大原、桂坫及黄浩等皆常参加。1932年,该社选辑各期精华编成《正声吟社诗钟集》一册,与樊增祥《樊园战诗续记》、易顺鼎《吴社诗钟》及蔡乃锽《园诗钟》后先辉映。

罗向乔上书英廷呼吁制止解除赌禁

罗晃潮

罗向乔(1821—1900),字样,又名森,广东南海西樵罗村人,前清孝廉。精通英语,曾任英国驻华大使馆秘书;并在清政府外交部工作多年,对当时的国际形势多有了解，是我国较早放眼看世界的人物之一。后无意厕身官场，寓居香港，以教授洋人汉语谋生。

正当此时，香港政府为了解决当前的财政困难，计划增辟税源，竟打算解除赌禁，征收赌税。向乔得知港府这一企图，毅然为民请命，上书港督，痛陈赌害，请求勿弛赌禁。奈港府一意孤行，不予理睬。于是他又直接向英国政府上书，呼吁制止。英廷终于电谕港府不得弛禁，并复电罗向乔予以嘉勉。向乔此举，为香港同胞造福不浅。

二十年代的香港茶居

莫仲予

张德彝《随使法国记》中，有同治九年(1870)经香港时，“在兰桂坊杨兰记茶社小憩”的记载。到了1912年，兰桂坊的杨兰记已不复存在。而其他繁荣市区则茶居林立，顾客盈门。当时的茶居，有有楼座的茶楼，比较高级；有没有楼座的地档，消费标准较低。

茶价以每位计算。大致茶楼由八仙到一毫，地档由二仙到三仙不等。茶叶种类有水仙、龙井、六安、普洱等，随客选择。由于当时俗尚品茶，故以“山水名茶”相号召。凡“水滚茶靓”的茶居，自然客至如云。

点心则不外包、饺、烧卖、饼食，种类简单，无多大变化。而茶客则喜食叉烧包和饼饵，因为大都以一盅两件为准，非此不足以果腹也。

辛亥革命前后，香港的茶楼以皇后大道中的得名、三多、得云，上环大马路的富隆，十王殿的平香较为著名；地档则(分布)于荷李活道、威灵顿街、结志街等地区最为密集。

到了三十年代以后，社会经济逐渐稳定，香港的茶居业又出现一番新景象了。

香港的三大足球劲旅

梁俨然

1940年，香港足球界有三队劲旅，集中省港名脚，轰动球坛。由于香港《星岛日报》社长胡好，拥有资财，开办星岛体育会。到处招揽人才，凡名脚多被罗致，因此，星队名声甚盛。球队阵容是：守门张荣才(外号新摄铁手，站位好、操球牢固而有胆识)，后卫李天生(善卧地铲球，号大铁铲)，后卫侯榕生 (大脚快步，善控制对方前锋)，中卫宋灵圣、梁荣照(联系紧凑)，前锋何应芬(快跑急攻)、黎兆荣(射门镇定，短传有力)、冯景祥(善运用旋转脚，边线配合，号称神腿)。其余为邓广森、郭英祺等，均一时之选。

其次是南华体育会，该会以有球王之称的李惠堂为队长后，重新组织队伍，其阵容为守门谭均干，后卫谢锦洪，能大脚挑球，麦绍汉为之辅，中卫刘松生射劲威猛，还有刘庆才、李国威相助，前锋李硕友的突然袭击，邹文治的射门爽快利落，陈德辉之冲刺，杨水益的怪招，加以球王李惠堂之威力，亦当时劲旅。

再次是东方体育会，该队球员，多为上海健将，年壮力强，与星岛、南华鼎足而立。守门为刘显汉，后卫曾仲云、严士鑫，中卫许竟成(称左脚王)、吴祺辉，前锋则为侯澄滔(传踢灵巧，称合尺脚)、张金海(敢于冲击，称拼命三郎)。其余许文奎、曹秋亭、钟勇森等，实力不亚于其他两队。

每逢星(岛)南(华)大战、或东(方)星(岛)大战及东(方)南(华)大战，都是场场满座，从广州赴港观看者，大不乏人。多年来三队较量结果，大致星、南相遇则星较胜，东、南相遇则南较胜，东、星相遇则东略胜，但常常难分胜败。所以三强相遇，特别精彩而多刺激。

香港达德学院

何国华

1945年5月，董必武出席联合国成立大会，在美国旧金山见到前广州大学校长陈其瑗。董老鼓励他回香港办学，并写介绍信给他带回国内，以便取得各方人士的协助。

1946年初夏，陈其瑗从美国回到香港，找到当时中共广东区委书记尹林平和在港的一些爱国民主人士，并得到李济深、蔡廷锴、朱蕴山、马鉴、何香凝等大力支持，筹办达德学院。蔡廷锴还自愿将九龙青山湾的一座别墅借作学院校址。

是年9月成立学院董事会，李济深任董事长。陈其瑗任学院院长，陈此生任教务主任，杨伯恺任总务主任。并聘黄药眠、千家驹、章乃器、萨空了、司马文森、李伯球、翦伯赞、杜国庠、许涤新等三十余人为教授。后来，郭沫若、茅盾、夏衍、乔冠华、章汉夫、谭平山、何香凝、马叙伦、柳亚子、章伯钧、曾敏之等先后到学院讲学。

学院第一届学生二百名，10月10日开学。学院设商业经济系、法政系、中国语文系。后增设新闻专修科、会计专修科和预备班。学生来自国内各省，菲律宾、新加坡、越南、泰国、印尼等地华侨子弟占百分之十。先后三届，共招生七百余人，加上旁听生、预备班生，共近千人。

该院以"研究高深学术，养成为人民服务之实用人才为宗旨"。并以"广义的爱国教育"、"和平的民主教育"、"进步的科学教育"、"集体的互助教育"、"人本的自由教育"等五项为教育方针。以"教学做合一"为教育方法。学生膳食初由学治会与校外人士合办，后改由学治会自办。

教学内容：采取与中国革命实践相结合，如

法政系开设“土地问题”、“农村工作”、“社会发展史”等课程。新闻专修科开设“报业史”、“编辑学”等课程。在教学过程中贯彻百家争鸣方针。在同一学科中,也有不同的学派,如关于我国历史分期问题,就有几个不同意见,引起学生争鸣,藉以扩大他们的思路,提高探索的兴趣。学生课外活动颇为活跃,引导学生阅读各种进步报刊、马列原著。1948年底,有一百多名学生参加了华南各地游击战争。

1949年2月23日,正当学院举行新生入学考试之际,港英当局突然下令撤销学院注册,学院被迫停办。学院部分教师只好转入其他院校,学生则一部分投到粤赣闽边纵队,一部分北上进入解放区工作。该院有十三名同学在解放战争中壮烈牺牲。1949年10月广州解放后,在港的师生,绝大部分回到内地加入了革命队伍。

《中山日报》与《民族日报》间的一场论战

黄穗生

《中山日报》是国民党广东省党部机关报，《民族日报》为国民政府第四路军机关报。抗战初期，两大报间曾因伍重光的一篇文章展开论战。

1938 年初，国共两党代表正在武汉协商两党合作共同抗日大计，但部分顽固分子，企图挑起事端，制造两党矛盾。1 月 11 日，《中山日报》发表伍重光的署名文章，题为《建立统一的三民主义的思想武器》,诬蔑漫骂中共“毒害青年”,“离间民族团结”,“收买群众”;叫嚷“我们必须排斥依然带着毒素来参加抗战阵营的共产党”。接着在1月19日至27日,《中山日报》又连续出了五期“专刊”,抛出大量反共文章,公开宣称“我们只有一个政府——中央政府,我们只有一个领袖——蒋委员长,我们只有一个主义——三民主义”。中共地下党员虞焕章,当时正在广东文化界救亡协会任宣传部副部长,他看到文章后非常气愤,认为这是破坏抗日民族统一战线的反共宣传,决定组织力量反击。由于《民族日报》为广东文化界救亡协会辟有一副刊,故虞焕章以“绿非”的笔名,并发动进步文化人宋绿伊、李仲才、龙世雄等分别撰文,在1月17日《民族日报》的“文救会”副刊上发表《肃清汉奸理论专号》,针锋相对地指出:伍重光之流,对中共的诬蔑没有事实根据;要取得抗战胜利,必须不分党派和思想信仰,结成民族统一战线;而“消灭思想对峙”,才是“离间民族团结的毒素”,不合乎孙中山先生的三民主义,也不合乎“蒋委员长许下的国共合作诺言;排斥共产党的言论是破坏抗战的汉奸言论”等等。他们还准备召开一个群众大会,就“三个一”对与否问题展开辩论。而反共的顽固分子则纠集人员准备在会上制造流血事件。事态大有越演越烈之势。恰在此时,中共南方负责人张文彬从香港到广州,了解到论战情况,即给予关注。他认为“文救会”写的文章很有战斗性,其斗争是英勇的,必要的,但

过于急躁，也不够策略，要运用抗战建国纲领上有关团结抗日的内容，把斗争引到反托派上去。于是，通过廖承志、夏衍等出面与广东当局接触，申明中共的政策主张，希望当局以抗战大局为重，制止反共宣传。国民党广东省、广州市党部一些上层人士认为中共所言有理，省党部特派员钟天心、省党部书记长谌小岑等亦表示要避免“一切意气之争”。虞焕章又在报刊上发表文章，号召大家团结起来，一场笔墨之战遂告平息。

辛亥后重开学海堂

易　仁

1920年，广东省长张锦芳重开学海堂。原越秀山堂址已驻军队，遂借清水濠图书馆上课。聘周朝槐、潘应祺、汪兆铨、杜鹤年、汪兆镛等为学长(陈庆年、徐绍棨续补)。命题分校悉沿道光时旧制：分春、夏、秋、冬四课。学长出经史、词章、古文、骈文、古今体诗等课题，商定刊布。课生得用笔名，列上、中、下三等，会选日，各以其遴选前列，公同校阅，商定总榜名次，并发给膏火各有差。学长每季脩金三十元。汪兆镛阅史学、词章二课。知名之士如江孔殷、黄佛颐、陈樾、黄荣康、黄任恒、黄秩南、谭祖銮等皆应季课，一时文风称盛。后张锦芳去职，杨永泰、陈炯明继之，至1921年冬课毕，学海堂即告结束，重开仅一年余耳。

广雅书院藏书之散失

莫仲予

光绪十五年(1889)，两广总督张之洞在广州城西彩虹桥创立广雅书院，辟楼藏书，榜曰“冠冕”。梁鼎芬掌教时，悉心搜罗典籍，故藏书之丰，为当时各书院之冠。楼分东西两楹，藏庋图籍，其通行本必具两部，供东西两省士人借阅。辛亥后，广东都督府聘黄晦闻为高等学堂(后改为广东高等学校)监督。学堂即广雅书院故址，鼎革之初，常为军队进驻。《蒹葭楼集》中《题广雅书院》诗，谓“曾见讲堂屯马队，坐闻幽鸟语寒烟”即指此事。当时楼中藏书，时有被窃，晦闻上书都督府云：

> 吾粤藏书，旧推丰顺丁氏、南海孔氏，二家皆已散亡，文献之存，惟广雅冠冕一楼耳。比者，广雅后垣外，常有军民驻扎。二月十八日私毁冠冕楼锁钥，遂失去藏书五大柜，长此不已，则四百余柜之书，何难立尽。吾粤文献，必底散亡，是岂都督维持学校之盛意？

书上，当局未及措意，而高等学校改为第一中学，校长彭镇三竟将楼拆毁。此后藏书，一厄于水患，再厄于盗窃，司保管之责者失于放任，冠冕楼之藏书，已硕果仅存。1918年莫荣新督粤，广西请求分书，于是又以一部移西江图书馆，一部移广东图书馆。其后，粤军西征，陈炯明复将前移西江者，送交广东高等师范学校。至是，广雅藏书，遂瓜分豆剖以尽。

五大书局

李稚甫

太平天国革命运动被满清统治者镇压下去后，湘军头目曾国藩，鉴于东南各省受到战火的严重破坏，文物书籍，荡然无存。他本人是翰林出身，知道书籍在文化传播中的重要性，同时为了笼络广大知识分子，准备恢复科举考试，不能没有图书。于是，在收复南京后不久，即于同治三年(1864)在南京创办了金陵书局，地址在南京的朝天宫飞霞阁，延聘通人，校刊经史重要书籍。这是以官方力量校刻书籍的开始。其后，各省相继成立了刊刻书籍的官方机构，称之为“官书局”。如浙江书局(杭州，1867)；江苏书局(苏州，1869)；淮南书局(扬州，1869)；湖北书局(武昌，1868)；加上金陵书局，当时称为五大书局。过

去刻印图书，以私家刊刻为多。而官方刊刻图书，俱系大部头著作，如《图书集成》、《佩文韵府》、《全唐文》之类。即以乾隆年间，那样雄厚的资力，官修《四库全书》，亦只钞存几部，分贮各省。而这些大部头书，即有刻本，亦非一般读书人所置办得起。这五大官书局成立后，刊刻了多种重要书籍，而且通力合作，互有分工。如五局合刻本的《二十四史》，即由五局分担任务。在其他书籍刊印方面，亦均各自其特色，而其最大特点，即聘请当时著名学者，参加所刊各书的校订工作。如金陵书局的张文虎、刘毓崧、汪士铎，浙江书局的谭献、李慈铭、张鸣珂，淮南书局的薛寿等。所刊各书，质量都很高。基于五大书局成立，大量刊行重要参考著作，很受当时读书人的欢迎；这对其时文化的发展和学术的繁荣起了积极的作用。而在西南各省，广雅书局的成立，则在最后。

我国第一次派遣留学生的经过

何国华

1865 年 10 月，容闳(1828—1912)，广东中山县人，任江苏巡抚行署译员时，结识了上海道台丁日昌(1823—1882，广东丰顺县人)，两人一见如故。容闳尝向丁日昌提出为国作育人才，派遣留学生的计划，丁氏表示赞同和支持。在《西学东渐记》中，容闳曾记述此事：“当日政界中重要人物，而与余志同道合者，又有老友丁日昌。丁为人有血性，好任事，凡所措施，皆勇往不缩。当丁升任江苏巡抚，予即寓其苏州公署，复语以所谓教育计划。丁大赞许，且甚得意此事。命予速具详细说帖，彼当上之文相园，请其代奏。文祥满人，时方入相，权力极伟也。予闻丁言，惊喜交集。”于是容闳遂拟出一个教育计划交丁氏转发北京。

两月后，丁日昌自苏州函告容闳，谓文祥相国丁艰开缺回籍。但容闳仍不灰心，每见丁日昌时，必重提此事，并建议他把这计划向两江总督曾国藩提出。

同治九年(1870 年)六月，清廷派曾国藩、丁日昌等四人查办“天津教案”，容闳任译员。事毕，容闳乃乘机请丁抚向曾督重提教育事，并商诸其他二人。在丁日昌的鼎力协助下，容闳多年的派遣留学生计划，终于实现。在《西学东渐记》中，容闳亦曾有此记述：“一夕，丁抚归甚晚，予已寝，丁就予室，呼予起，谓此事已得曾公同意，将四人联衔入奏，请政府采择君所条陈而实行之。予闻此消息，乃喜不成寐，竟夜开眼如夜鹰，觉此身飘飘然如凌云步虚，忘其为僵卧床第间。”

同年冬，曾国藩回任南京，所奏赴美留学生事，已为清廷批准。曾氏即驰书召容闳，商议进行。

同年(1870 年)底，南京成立“留学生事务所。”由陈兰彬和容闳分任正副监督。经一年预学后，1872 年夏末，第一批留学生三十人(其中二十四名为粤人，占百分之八十)，横渡太平洋赴美留学。以后陆续分批派遣，最后一批乃于 1875 年秋前往美国就学的。后来，这个教育计划虽为顽固派陈兰彬、吴子登之辈所扼杀，可是，这些留学生已成为国家有用之才，如铁路工程专家詹天佑、同盟会老会员唐绍仪、伍廷芳等，就是这时培养出来的。

晚清的留美学童

文　超

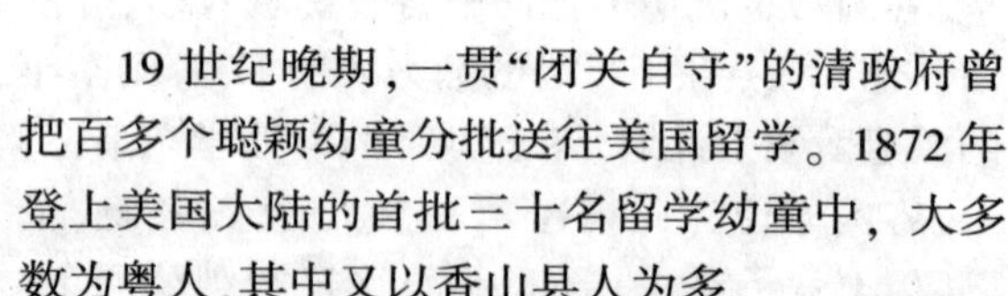

19 世纪晚期，一贯“闭关自守”的清政府曾把百多个聪颖幼童分批送往美国留学。1872 年登上美国大陆的首批三十名留学幼童中，大多数为粤人，其中又以香山县人为多。

留长辫的幼童们曾引起美国朝野的轰动，美国认为这是清政府不再“闭关自守”的证明。幼童们分散寄居在美国家庭里，每家寄住二、三名，这些美国家庭经济可靠，自愿接待中国幼童，他们负责监督幼童起居、学习礼仪、进修英文。

幼童们仍受着严格的管制，清朝廷本着“只

准学外国功夫”、“规矩不可变更”的原则，在哈德福城建“永久监督办事处”作为管理留学生之中心。每到假期幼童们就必须集中在这座华丽的楼房内学习中文。由于处罚严厉，幼童们戏谑为“地狱之屋”。

毕竟是十二、三岁的幼童，容易接受新事物，这群黄皮肤的孩子在洋人学校中并不逊色，平日刻苦学习，也喜爱运动，他们曾在哈城组织“东方人”少年棒球队，经常与英国学童比赛，假期也组织去露营、参观活动，了解美国的实际情形。

1876 年美国开国一百周年博览会在费城举办，百多名一律着黑色呢制服、留长辫的中国幼童参加了博览会。博览会展出蒸汽引擎、电话、电梯、印刷机、枪炮、火车、铁轨等，幼童亲眼目睹了美国科技、工农、文教上的成就。教育馆中还展出中国学生的数学作业、绘画、中英作文，并获大会优异奖。博览会大会主席为中国学生开特别茶会，当时的美国总统格兰特出席茶会，与幼童一一握手。这次活动使幼童们大开眼界。

1881 年清朝廷对留洋之事改变看法，下令遣送留学生回国。留学生们回国后，在电报、铁路、矿场、海军、海关及外交服务，其中不少知名人士对中国新兴事业有重要贡献。以筑成京张铁路闻名中外的詹天佑先生就是杰出的一位。

五桂堂书坊

梁　威

自清末至四十年代，在广州及珠江三角洲一带，不少家庭妇女们爱唱"木鱼"(地方民歌)以自娱。当时有著名木鱼《花笺记》，曾被誉为"第八才子书"；有长篇《背解红罗》、《观音出世》、《紫霞珠》等，十分流行。出现这种情况，实与当时印行木鱼书的书肆五桂堂书坊不无关系。

五桂堂书坊创办于清光绪年间，地址在广州第七甫(今光复中路)。由晚清落第秀才徐学成与其堂兄徐学源及林贵、毕襄四人(均广东花县籍人)集资白银六百两，合股经营。

开业初期，五桂堂以木刻手工印制，出版了大量的木鱼书、南音、龙舟、曲本、旧小说以及通书、日历、四书五经等。至民国初年，改用日本手摇印刷机，印书产量大增，销路也更广。至1915年，广州五桂堂便在香港荷里活增开了分局，由林贵出任分局司理。十年后，因林贵退股，时任广州五桂堂司理的徐学成便着其侄孙徐应河(天汉)赴港接替林贵的职务。时徐应河二十多岁，极有生意头脑，因而香港的业务，蒸蒸日上，销路远达东南亚及北美洲的华人地区。所以今天，英、美、法等国家的博物馆、图书馆藏有五桂堂印刷的木鱼书。

由于现代印刷术飞跃进步,古老的印刷术,赶不上形势的发展,广州五桂堂书坊亦于四十年代末期结束了;而香港五桂堂分局也于1972年7月关闭。

早年广州的英文学校

梁俨然

过去广州沙面,中国人任职于洋行、银行的人数不少;而邮局海关的投考者,取录亦以英文为主;十三行同文路一带的报关行业,亦亟需英文应用。故英文学校设在西关的日渐增多。其中首推梁氏兄弟所办之百粤英文学校,校址设在逢源中学。梁氏兄弟曾留学英国,发音准确,教学认真,故学生多至三四百人。继有区树德、罗楹存合办之英文夜校,校址设在十六甫。区树德原是圣心书院英文教师,后来创办长城中学。罗楹存原是南海中学英文教师,二人都孚众望。历史最长久的要推十六甫之敏伯英文书馆,由黎敏伯亲自授课,学生尤众。他的教学方法,采取三班同时上课:一班用黑板写好教学内容,让学生抄录;另一班布置作业自行练习,再一班正式授课,轮流交替进行。同时又有吕智波的英文馆,设在十七甫怀远驿,以教授会话著名,学生

超过一百人，还请一位圣心书院毕业的陆庆泰为助教,也颇有名气。而宣传最力的却是太平沙的华大英文学校,负责人为关志强兄弟三人,另聘有教师严某、文某,都是圣心书院的毕业生。教学方法是以拼音胜,适宜于初学者,并聘有外国人高理斯地教授会话,学生超过一百人。还有耀华坊的博文英文学校,校长侯乃鼎,以替升学学生补习英文为主。侯系归国华侨,校址设在西关繁盛地方，学生也不少。敏伯学校迁往洗基后,十六甫西三巷设立一所陶英英文学校,教师是潘济涛,香港皇仁书院毕业,学生有数十人。同时在恩宁桥开设的华英英文学校，校长温子成、主任龙翻云,他们都是香港英文书院的毕业生。这学校特点是教授西医处方和药剂名称等应用英文及拉丁文,且有西人助教,学生愈来愈多。后来,第十甫开设一所崇实英文学校,负责人叶声云。由于地点适中,宣传有法,学生人数也不少。此外,还有一些家庭教师,如:西关的黄坚,宝源路的吴某,龙津路的苏某,学生也有一二十人。在广州西关开设的英文书馆,在三十年代,可称一时之盛。

南州书楼小记

涂家凤

人之嗜好，或珍器玉玩，绮罗之饰，或法书名画，鼎彝碑刻，不一而足，然储之丰者，无不为家拥巨资或有力者胥能致之。以一介寒儒，能藏书以富名，士林誉之，更不易为也。先祖信符公以一寒士，殚厥心力，搜集群籍，更以保存乡邦文献为己任，孜孜乐此不疲，所创之南州书楼，继伍崇曜之粤雅堂、孔广陶之五十万卷楼、潘仕成之海山仙馆及莫天一之五十万卷楼，为近世粤东藏书家之冠。

信符公名绍棨，幼孤，家贫，苦读不辍，少年时与朱执信、胡汉民、廖仲恺、古应芬、汪兆铭等同游，互相切磋学艺。弱冠即在两广高等学堂任教，毕业掌教上庠，陶育英才，时各高等学府，均乐聘之。

公平生无他好，惟性嗜书，积数千年之功及节省膏火之资，至所藏典籍最高时达六百万卷，颜其楼曰“南州书楼”。所藏书有常人罕见之宋元精椠及明代精刻，清初之精印则更多，还有不少手稿孤本，尤好搜罗粤东先哲著述，广东各州县志亦大致完备。

1932 年，小北大水，住宅后座倾塌，四百余箱典籍悉化纸浆。日寇南侵时,将不少孤本善本外运港澳,遭匪劫兵燹,损失不少,留于穗宅者,又被流氓掠去不少。复员后正将劫后余灰,整理点存,惜天不假年,于 1948 年撒手归道山。

先父汤殷继承遗志,整理余籍,于 1962 年将所存香港典籍,运回国内收藏。1977 年重编书目,全交国家有关部门保管。

“五头电灯派”与《字纸簏》

白　鸿

20 世纪 20 年代,广州马路上的街灯,以五个大灯泡集束照明。那时一些大报副刊,画此街灯形象作版头。这些副刊的小品文,富有幽默感,常讽刺时弊,故很得市民欢迎。小品文作者常见的署名有:椏槎、龙井、迫击炮、小刀等,人称“五头电灯派”。

大革命失败后,广州处于白色恐怖之中,副刊的“五头电灯派”不见了。但却有一些活跃青年继承了“五头电灯派”的遗风,办起了一份叫《字纸簏》的刊物。“字纸簏”,乃广州方言称专装废纸的小竹箩之谓也,其戏改刊名为此,足见主办者的幽默。主办者以氼社为名,成员有李德尊、任毕明等人,多是广州市美术学校、广州市师范学校出来的青年,爱画装饰画与漫画,文章多写俏皮而有讽刺味的小品文。《字纸簏》有社会批评、有政治讽刺,却无低级趣味,因此很得读者喜爱。它断断续续出了两三年,在社会上也有一定的影响。

陶行知在广州

何国华

1936 年 4 月, 现代教育家陶行知应邀出席是年 8 月在伦敦召开的“世界新教育会议”第七届年会,于 4 月 23 日离上海到桂林,4 月底到达广州。陶氏在广州停留了一个多月,曾作过四场学术讲演。第一场,4 月 30 日在中山大学。据 5 月 1 日《中山大学日报》第一版《校闻》报道:“昨日下午三时半,文、法两院敬请陶行知到中大礼堂作学术讲演,题为《粉碎大陆政策》,到场听讲者,有文、法两院及其他各院同学千余人,届时由邹鲁校长暨法学院郑(彦芬)院长引导陶氏到大礼堂,略坐片时,邹校长起立介绍,陶氏即开始讲演,发挥异常透彻,听众咸为动容,直到四时半始词毕而散。”5 月 8 日《广州民国日报》又作报导说:“震于陶先生的大名, 没有开讲之前三十分钟,礼堂就聚满了人,开讲时就拥得水泄不通了。陶先生投出三颗炸弹,粉碎大陆政策,演词浅显,引譬精警,几乎妇孺皆喻,博得许多

掌声。”陶氏这篇讲演词刊于是年5月4日出版的中大《石牌生活》周刊。

5月7日下午3时半，陶氏又应邀在中大法学院大礼堂作题为《大众教育问题》讲演。中大教科所研究生陈孝禅纪录，发表于广州《民国日报》及5月8日和15日的《教育周刊》。据报道：“(陶先生)今天的讲演，给我们特别收获。”又道：“讲演那天，细雨迷蒙，颇有黄昏黯淡之感，听众不很多，约一百几十人，男的女的，忖他们的内心，灼热、光明。”“陶先生，个子颇不小，白土布学生装，还带一把折扇，态度很从容，一口南京国语，一个教育家的典型。”

此外，陶氏还以“中国新文字研究会”创办人的身份，应邀参加了广州举行的广东省新文字研究会成立大会暨第二次新文字讨论会，且在大会上作了讲演，由刘秉钧纪录。以《第二次“新文字讨论会”演讲》为题，发表在《广州民国日报》是年3月27日《教育周刊》上。

为欢迎陶行知南来，广州新儿童出版社于是年6月3日出版的《新儿童周刊》第七期，特命名为“欢迎陶行知先生专号”。刊头第一篇文章是该刊主编黄一修写的“每周讲话”：《欢迎陶行知先生》。刊载了陶行知一篇题为《小先生与民族解放运动》的讲稿和《我对于小朋友的认识》。还刊登了廖炳光的《为什么和怎样欢迎陶先生》、浣世驷的速写及《陶先生讲演那一天》等文。

广州最早的图片新闻社

张松龄

民国以还，图片新闻还未普及。广州的新闻界，也和全国一样，对新闻图片的制作，尚属初级阶段。民国十七年(1928)，出现了一家“远东图片新闻社”，创办人冼江(字公耆)，广东高明县人，是一位新闻从业人员，只读过四年私塾，家境贫困，从乡间来省城佣工，得亲友介绍，在当时新闻界前辈李立(字眷西，香山县人)创办的持平通讯社当杂役。因他为人勤奋，不避辛劳，李立有心栽培他，逐步从杂役到收发、校对、油印，后来安排他学习做外勤记者(当时称访员)。

不到两年，冼对新闻通讯社业务，已能全面掌握。他省吃俭用，买了一部美制柯达620摄影机，外出采访时，遇到有新闻价值的，就拍摄下来，逐渐为各报接受。

他见当时广州各报社和通讯社还没有专业的图片新闻机构，遂决定创办一间以图片新闻为主的通讯社。在李立的大力支持下，终于在永汉南路、南关戏院隔壁楼上，正式成立了“远东图片新闻社”，开创了广州图片新闻社的先河。

“一·二八”日本侵略军在上海燃起战火，十九路军蒋光鼐、蔡廷锴两将军率部奋起抗战，冼征得蒋、蔡同意，亲自组成一个“随军记者团”。冒着生命危险，在枪林弹雨的前线，实地拍摄了一部新闻纪录片《淞沪随军日记》及一批图片，真实地记录了日本侵略军在上海犯下的罪行，和十九路军英勇抗敌的光辉战绩，开创我国战地新闻电影的纪录。

陈独秀在广东

何国华

1920年11月，陈独秀应广东省长陈炯明邀请，担任广东省教育行政委员会委员长职务。12月17日晨，陈氏从上海乘船经香港转到广州。他向陈炯明提出三个条件：一、教育独立，不受行政干涉；二、以广东全省收入的十分之一拨作教育经费；三、行政措施须与教育学说同步进行。陈炯明表示全部同意。

陈独秀到广州后，即厉行教育革新，使1921年度的教育经费，增至一百五十万元(不包括地方教育投资)。他聘请中学以上校长和大学教授若干人，任事务委员，分别管理专门教育、学校教育、社会教育、图书仪器和体育卫生等事务。他重视人才培养，尤重大学教育。他决定以广东高等师范学校校址筹办广东大学，并做了许多工作。他提出包括全省学童教育、成年教育和专业教育三个方面的改革计划大纲。主张：长远抓学童教育，当前着重抓成年教育，同时普及工农教育。他主持制订《广东省教育委员会组织法》、《全省学校系统图》和《每年教育经费概算表》三个法规和计划，并得到通过。

抵达广州才十多天，他即于1921年1月2日，就在广东高等师范学校作《新教育是什么?》的专题讲演。指出新旧教育的不同，不在于两者形式和教材各类不同，而在于两者的主义和方法的不同。

1月15日，他到广东公立法政学校作《社会主义批评》的演讲。他着重批判了无政府主义、国家社会主义、行会社会主义和工团主义；同时强调了无产阶级专政的历史必然性。

同月20日，他在省教育学会作《教育与社会》的讲演。他深望今后教育与社会打成一片，使社会效力宏博。

同月22日，他在省立女子师范学校作《如何才是正当的人生》的讲演。

同月28日，《广东群报》发表他在广东省立第一甲种工业学校作的《工业学生与劳动运动》讲演词，提出“劳动神圣”口号。

1921年2月10日，广州理发工人在高第街素波巷华侨联合会成立理发工会，陈独秀应邀在会上讲话。至2月下旬，参加理发工会已逾千人，并开办了一间劳动学校，该校开学时，曾邀请陈独秀等人到校指导。

这一年六七月间，陈独秀要省教委会在广

州高第街素波巷内，创办省立宣讲员养成所，旨在宣传和普及马克思主义，造就将来开展群众工作的干部。与此同时，陈独秀还创办了“注音字母教导团”，学员多是广州市在职中小学教师。

他还与许崇清、谭平山、陈公博等在工人较集中的河南区，创办机器工人夜校，课程有国文、算术、历史、地理等。

陈独秀还在当时正在广东省教育学会讨论制订的全国新学制系统草案(即 1922 年 11 月正式颁布的“戊戌学制”)中，发表个人意见。他不主张将大学预科设在中学；农、工、医、矿均归于大学，不另设专门学校；主张小学六年，不分高等与国民两段，儿童七至十二岁为义务教育期。

陈独秀在广东任职九个多月期间，开始运用马克思主义理论，对广东教育的改革，作了有益的探索，并取得了一定的成效。

昙花一现的《可报》

李益三

1911 年 1 月间，黄兴、赵声决定在广州办一报馆，发动宣传，配合起义。邹鲁当时任省谘议局书记和在两广方言学堂任教。省谘议局副议长丘逢甲是邹鲁的老师和上述工作的介绍人，且庇护邹当时的革命活动，从而黄兴、赵声便邀邹赴港，当面派他在广州肩负办报的重责。

邹鲁经过与省谘议局议员陈炯明研究，决定在省谘议局筹集经费，并因该局办禁赌议案和主张禁赌的议员皆投“可”字票，故利用这一轰动社会的“可”字，作为报名《可报》。这样既可利用该局为护身符，进行公开宣传活动，还可增强宣传号召力。随于农历春节过后的二月间创刊。以邹鲁为经理，朱执信等任撰述。香港方面也寄稿支持，皆用笔名。

《可报》的宣传对象是清廷的武装力量，尤以新军为主。因而该报的消息与评论，多与军人有关。每天送报到新军营地和巡防营，名为半价优待，实则免费赠阅。在该报的宣传影响下，社会上尤其军队里的民主革命气氛突然浓厚起来。以 1911 年 4 月 8 日温生才刺杀兼署广州将军副都统孚琦为契机，该报言论更像锋利的匕首，捅向清吏的胸膛。

1911 年 4 月 12 日，该报在《东门外之今昔》的杂著中，赞颂温生才是英雄：“温生才乎！你何愚不可及，乃在此多难发生之地，牺牲一生，作地理历史上之纪念物？曾、左、胡、李何曾不是英雄；乃必步趋史、徐后尘，溅血东门，始为英雄乎？”

同月 16 日在国闻感言栏内《论卖国贼》一文，用泼辣笔调，嘲骂清朝皇帝是卖国贼：“究其原因，则由万世一系、永永尊戴神圣严不可侵犯之大清皇帝先不自爱国始，‘宁赠友邦毋畀家

奴'之言,固流传人口,不绝于耳。"

17 日在该报发表的《行刺将军之犯正法》的消息中,记叙温生才被杀害、身首异处时,新军凭吊,途人感泣:"记者游东门,见各新军过者,无不向之聚观,观毕大有凭吊欷歔之慨,甚至有流涕者。记者伫立而观此情形,亦为之恻然。"

当时清巡警道认为,《可报》所载的消息和言论是对温生才"表章揄扬,不遗余力";进而说"该报提倡不爱国之说,并以耸人民愤激思乱之心,而资乱党之口实……鼓吹暗杀主义,推波助澜,无所不至,为扰乱之尤"。从而勒令该报"永远停版,以示惩儆"。

巡警道迫于报业公会请求准许该报复刊,便提出要该报写悔过书作为准予复刊的条件。邹鲁"因为发难期间很近",拒写悔过书,不向清吏低头。《可报》遂停刊。

《可报》与禁赌

欧安年

清朝末年,广东出现"闱姓"赌博,是以科举考中后,贡院所张贴的榜文为依据。这是民间赌棍有组织的大规模赌博活动, 每年下注赌金多达一千万元。随后逐步合法化,成为官方财政收入的主要来源。为此,历任的两广总督都为"闱姓"赌博的"开禁"与"禁赌"问题,犹疑不决。宣统二年(1909)广东谘议局成立,次年就"闱姓"赌博应否禁止的议案展开大辩论。议员中也分两派,主张禁赌者称"可派",否决禁赌者称"否派"。"可派"为此更进而创办《可报》,大造舆论。主持《可报》者有陈炯明,主笔为朱执信、叶夏声、邹鲁,还有后来成为首任岭南大学华人校长的钟荣光。1910年10月,张鸣岐任两广总督期间,在《可报》的舆论压力下,才被迫宣布"禁赌"。1911年4月,因温生才刺杀孚琦案,《可报》发表评论表示声援,被清廷下令封闭。

《广　　报》

欧安年

《广报》出版于光绪十二年(1886)五月二十三日,是广东民办最早的日报。主笔是吴大猷、林翰瀛。约两年后,改由劳保胜(亦渔,南海人)接任。撰述者主要为武子韬(芝鹿,高要人),编辑朱鹤(云表)。同时向外约稿,内容包括新闻和诗词、古文。

报纸模式一如上海的《申报》。报头之下有"敬惜字纸功德无量"标语。栏目有"昨日寒暑表"、"目录"、"广告"、"新闻"等。后来以"论著"占头版第一格地位。"新闻"分为"本省新闻"、

"中外新闻"。其次是"宫门抄"、"辕门报"和"市场行情"。当时没有新式标点,正文也不断句。

《广报》发行范围:省内有佛山、西南、大良、陈村、江门、新会、香山(今中山)等地。国内有上海、梧州等地。外埠有香港、澳门、星洲、安南、金山、小吕宋等地。

光绪十七年(1891),《广报》因为所刊新闻触犯广东都督李小泉,李遂饬令南海、番禺两县将之封闭,不准复刊。都督所下命令有"辩言乱政,法所不容。广报局妄谈时事,淆乱是非,胆大妄为,实堪痛恨。亟应严行查禁,以免淆惑人心……"等语。广东最早的日报因而结束。

梅县最早的女子学校

何梅花

清末,两广总督张之洞聘梅县女诗人叶璧华(1841—1915)到广州担任他的家庭教师。1898年戊戌变法失败后,叶璧华返回家乡梅县,在维新思想影响下,冲破封建礼教所谓"女子无才便是德"的思想束缚,于1900年创办了梅县第一间女子学校"懿德女子小学",这也是广东省最早的女子学校之一。校址设在原培风书院内,即今周增路尾。该校开办之初,招收女学生三十多名,教学内容以诗文为主。懿德女校开办之初,颇受封建卫道士们嘲讽和打击。但是，叶璧华对此置若罔闻，一笑了之。她意志却更加坚定，更积极地办好这间学校。至1913年，梅县懿德女校与崇实女校合并，改名为“梅县县立女子师范学校”。1936年，该校校长黄春英女士，争取将学校由县立改为省立，并改名为“省立梅州女子师范学校”。它成为当时全省划为十个师范区中最后一间省立师范学校。及至1907年，梅县县城廪生张玉麟又开办了一间梅县嘉善女校，还招收了一部分寄宿生，其中有母女同校的，一时传为佳话。这间嘉善女校与懿德女校同是梅县女学之先河。

广东航空学校小史

杨安尧

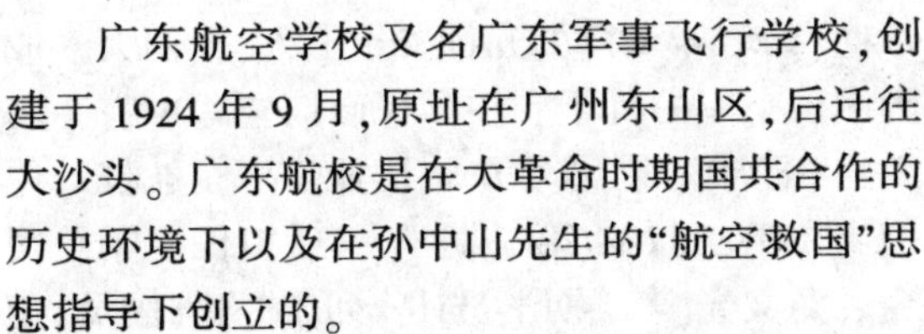

广东航空学校又名广东军事飞行学校，创建于1924年9月，原址在广州东山区，后迁往大沙头。广东航校是在大革命时期国共合作的历史环境下以及在孙中山先生的“航空救国”思想指导下创立的。

广东航校第一期学员是从黄埔军校选送出来的，人数十名。航校只有四架寇蒂斯式飞机供教练用，但能在空中飞行的只有两架。学员由两名德国教官进行单纯飞行训练，而没有理论学习。1925年6月,第一期学员毕业,其中有五人由苏联顾问李糜带领,前往苏联继续深造。

1925年招收第二期学员,此后航校有了中国教官,教学和训练逐渐走上正轨。第三期开始设两个专业。其中航空专业招收一百名,机械专业招收五十名,两专业在教学上各有侧重点。航空专业除学习飞行理论、航空工程、无线电学、地图学、气象学外,还学习机械学、政治学、兵操、体育、音乐等课程。航空专业学员学习飞行技术,则分初、中、高三个级别:初级飞行项目有平直飞行、航线飞行、大小转弯、八字盘旋、螺旋盘转、反方向急转、左右侧滑降和着落等;中、高级飞行项目有空中特技、无线电收发、空中缠斗、空中和地面靶标射击、轰炸实习、跳伞实习、空中测绘、编队飞行、长途飞行等。机械专业学员除学习航空专业有关的课程外,则偏重于内燃机发动机学、动力学、器械实习、飞机维修课等。

广东航校从1924年至1936年,前后办过八期,共培养飞行员五百二十七人,他们大多成为中国空军的骨干。在国民政府空军中有一名上将、七名中将、八名少将毕业于广东航校。他们当中的王叔铭(第一期学员)后担任空军总司令。龙文光(第二期学员)是"列宁"号驾驶员,担任过鄂豫皖苏区航空局局长。第一期学员唐铎1925年被派往苏联学习,后在苏联空军服役二十八年,在一百多次空战中战功卓著,获得列宁勋章。

广东航校第一、二、三任校长分别是德国人稚尔台、苏联顾问李糜、张治中等。此外，在航校担任校长的还有黄秉衡、黄光锐、张惠长、王季子、周宝衡、杨官宇、刘植炎、胡汉贤等。除王季子外，其余七人都是从美国和日本回来的华侨。在校曾任教育长的有陈庆云、黄毓沛、刘植炎、周成、曹醒仁等，除曹醒仁外，其余均为华侨。在校任教的有杨官宇、周宝衡、胡锦稚、黄光锐、陈卓林、关荣、泽寿、邓粤铭、周一尘、马庭槐、周柏成、张爰同等。他们多是在美国学习飞行后回国服务的，因而不仅具有较好的理论基础，而且飞行技术也相当高超。

1925 年，广东航校从大沙头迁至白云机场新址。1936 年 8 月，由于广东地方空军归并南京政府的中央空军，广东航校第八期随之北上，被编入杭州笕桥的中央航空学校。至此，建校十三年的广东航校随之结束。广东航校在中国航空教育史上留下了重要的一页。

南洋劝业会

萧　元

宣统二年(1910)四月初一日,开南洋劝业会于南京,为我国工业展览会之始。会内除分省设馆陈列外,另设水族馆、农业馆、医药馆、工艺馆、佛经流行所、剧场、马戏、歌咏及各种模型等。广东馆之工业产品中,以牙、玉、木、石雕刻之人物、花、鸟、山水最受群众欢迎。其中牙雕八仙及檀雕山水尤享盛誉。大会开幕后,参观者途为之塞。骚人墨客,纷纷发为吟咏。以王葆桢《南洋劝业会杂咏》三十首为首选。其咏《广东馆》云:

鬼斧神工世不传，
风云雕凿破南天。
檀香山下鼍龙吼，
珠海飞来八洞仙。

我国第一个制造飞艇的人——谢缵泰

冼玉清

谢缵泰字重安，号康如，广东开平人，同治十一年（1872）生于澳州雪梨埠。光绪十三年（1887）谢缵泰在澳洲中学毕业，随父回到香港，肄业于皇仁书院。1890年，他结识杨衢云，意气很相投。1894年，和周超岳等十六人在香港百里一号二楼创立“辅仁文社”，并加入兴中会，秘密策划革命事业。与此同时，一有余闲，便研究制造飞艇。他用铝制艇壳，装上螺旋推进器和发动机，制作甚巧，终于在这年试飞成功。

1895年，孙中山第一次广州起义失败后，远走海外，缵泰留在香港办理善后事宜，一面继续进行有关飞艇的研究。他认识了一个研究飞艇而未成功的英国人墨森，他把自己的设计蓝图给墨氏看，墨氏十分赞佩。他制成的“中国”号飞艇，除船头和船尾都装置了推进器外，还有三个

强力的甲板推进器，是用计时装置来调节的。他的飞艇不同于一般飞艇的是：它不用舵来控制方向，而是应用平时藏起来的钢翼来控制的。需用时，只要一捺电钮，钢翼就会从艇的两旁伸展出去。这样安排，是为了减少阻力，增加航速。当时的香港报纸，和 1899 年的《科学的美国人》曾刊载了他的事迹。

广州早期的飞机场

文　超

广州曾经先后建造几个飞机场，现在这些机场的旧址早已建起高楼、马路，再不见机场痕迹了。

最早的机场是广州东北郊燕塘村附近的燕塘机场，严格来说也不能算机场，它只是一块较平坦的草地，没有任何航行保障设施，供飞机飞行表演。广州上空出现的第一架飞机是在此升起的，这是清宣统三年三月比利时飞行家云甸帮的飞行表演，当时观看的人以万计。随后设计师、飞行家冯如也在此作飞行表演，并在附近设“广东飞行器公司”制造飞机。民国元年(1912)冯如驾机表演时不幸失事。燕塘机场就在今中国人民解放军体育学院与广州大道一带，那里还有一块写着“冯如坠机处”的纪念碑。

最主要的机场是大沙头水陆两用机场。位于今大沙头三、四马路一带，南起沿江东路，北至大沙北路市场。机场是 1918 年由孙中山的大元帅府建造的，主要是广东空军用于训练飞行，机场的各种设备都较完善。1922 年大元帅府曾在此设立飞机制造工厂，第一架中国自行设计制造的飞机“乐士文”号就在此机场试飞，试飞时孙夫人宋庆龄乘坐飞机绕行一周，然后在“乐士文”机旁留影。“乐士文”是宋庆龄英文名的译音。30 年代末，广东空军迁往天河、白云机场，大沙头机场即废弃。

石牌跑马场也曾被用作机场，该场即今华南师范大学。1933 年西南航空公司租用跑马场一部分，并建成机场，长七百五十米、宽二百五十多米。1936 年西南航空开辟了广州——河内国际航线，该机场成为中国第一个通航国外的机场。

早期飞机载客规定

文　超

广州最早的地方航空公司是 1933 年成立的西南航空公司，初期该公司拥有几架美国的史汀生型飞机，这种飞机一般机长 8.95 米，装有四个客座，每架飞机只能装载四名乘客。西南航空公司还制定了载客章程,从章程看来,当时是“物以稀为贵”,而不是“乘客至上”。章程规定:公司可随意更改飞行时间表,由此使乘客蒙受的损失,公司概不负责;公司可随时取消任何乘客的座位;飞机航行时,无论任何原因使乘客身体或行李受损失,乘客不得请求赔偿;乘客只准携带二十磅的行李;乘客自备航行途中的饮料、食物;飞机起落之际乘客不得开启窗门,乘客不得自飞机中向外抛掷任何物件(当时的飞机窗户可开合);乘客不得携带照相器具等等。

这些规定反映了公司有多种自由权,而乘客只能小心翼翼、自我保重。不准乘客携带照相器具,大概是当时的飞机身价百倍、稀有之物,防人盗窃技术吧。

广州的水上机场

文　超

广州曾经有过水上机场。

最早的水上机场是建于 1933 年的南石头水上机场,位于今广州珠江南河道三山口河段,北岸是南石头村,南岸是东朗村大尾围。机场以三山口河段的水面作跑道,另外在靠北岸的水面设一个浮码头,用作旅客候机室,旅客上下飞机时,就用舢板在浮码头和飞机之间接驳。1933

年中国航空公司开始使用这个机场，到1935年该航空公司迁往二沙头水上机场，南石头机场停用。

二沙头水上机场是第二个水上机场，与南石头水上机场一样，它也是以水面作跑道，也是以一座浮码头做候机室，也是以舢板为旅客起落飞机的工具。这个机场使用至1937年。二沙头水上机场即今珠江北河道二沙头附近的河段。

外商在黄埔经营的船舶修造业

钟 彝

广州黄埔是我国造船业重点地区之一。鸦片战争前后，外国商船往返广州，轮船的修理，常委办于黄埔船坞。到了道光二十五年(1845)，英国大英轮船公司，派柯拜到黄埔监管修船业务，并在当地租赁厂房，雇用中国工人，从事修船，是为外国资本在广州经营最早的船舶修造业。第二次鸦片战争期间，这个船坞被爱国群众捣毁，柯拜也死于战争中。战争结束后，英国强迫清政府赔偿柯拜家属十二万元。后来，柯拜的儿子在黄埔重新修建船坞，正式成立柯拜船坞公司，继续发展新船坞四个。同治二年(1863)，怡和洋行联合大英轮船公司、德忌利士轮船公司，收买了柯拜船坞及香港阿伯丁船坞，组成香港黄埔船坞公司，扩大营业范围。同治九年(1870)以后，该公司放弃黄埔的经营，把黄埔的几个船坞，高价转卖给清政府。

当时在黄埔开设船坞的外国企业还有：同治二年(1863)美商开设的旗记铁厂，拥有船坞三座；同年，英商开设的高阿船厂，拥有船坞二座；同治三年(1864)英商开设的于仁船坞公司，拥有船坞四座；同治六年(1867)英商开设的福格森船厂，拥有船坞一座。因此，当时黄埔的船舶修造业，全被外人所垄断。

广州水塔小记

莫仲予

1929年以前，广州市供水工程未臻完善，市民用水，时受短缺之苦。为了保证用水，曾先后建造四个调节水量的水塔。后来市区逐渐扩展，人口日益增多，供水系统不断有所改进，原建水塔，已不适应。目前，除越秀山的球形水塔是停用后仍保留作为风景的点缀外，其余都先后被拆除了。

最早出现的是西关水塔，建造于光绪三十二年(1906)，位于西关长寿大街(今长寿路)。塔的结构是用钢板焊接而成，容水量七百八十二公吨,工程造价白银九万四千余两,1976年拆除。

沙面水塔位于沙面肇和路,建于民国初年,容水量四百五十四公吨。当时沙面系属英法租界,由租界内各户集资成立沙面水厂,建水塔储水,供应租界内用户,70年代初期拆除。

1929年1月,广州特别市政府接收了民办广州自来水股份有限公司,成立广州特别市政府自来水管理委员会之后,在越秀山原日象冈炮台遗址上建造水塔一座,容水量一千〇九十一公吨。塔为球形,全用钢板钢柱构成,高二百三十尺,1931年7月23日建成供水。广州解放后,另建越秀山水库,水塔遂停止使用。

东山水塔,位于梅花村,建成于1929年7月,容水量三百六十三公吨,专供东山区居民用水,广州解放后拆除。

民国时期的揭阳航运业

吴道跃

揭阳县地处粤东的榕江平原,南、北两条榕江,流经揭阳全境至汕头港入海,海潮沿榕江直涨至县境内各处的大小港涌,是舟楫往来甚便的水乡。清光绪十八年(1892),潮阳巨商萧金泰等,集资购买二艘载重七十五吨的烧煤汽船,行驶于汕头港与揭阳港之间,从此,榕江水上汽笛声划开了新的时代。

民国初年，由于汕头市经济的发展，增进货运交流，洋货大量输入。揭阳县红糖、夏布、蓝靛、水果、禽畜的输出及化肥、豆糁、大豆的运进，推动了航运业的发展。但当时内河和汕、揭间的货运，主要仍依靠木船。客运和一些货运机动船，多为潮阳萧金泰经营的烧煤电船。榕江上较为固定航行的有“保生”、“商生”、“大有”等九艘及揭阳人合资通和公司的“大益”号。1922年以后，发展为多靠机动电船。正常的客运电船有汕、潮、揭轮船公司的“保生”、“湘生”、“保升”、“益商”、“海南”和公兴公司的“大兴”、“义兴”，揭阳通和公司的“大益”等船号。1927年间，广东政局较稳定，客货运输两旺，多有超重运载，致是年农历五月初六日从揭阳开出汕头市的“大兴”轮在牛田洋海面沉没，死亡、失踪达数百人，造成榕江航运史上的特大惨案。此后，航行汕、揭间的轮船，又增加了“永安”、“永平”、“广州”、“广平”等号。

1930年前后，汕、揭客运轮船，为潮阳陈有利所垄断。揭阳乔林人林开守独资建造“榕江”号客轮，引起潮轮资本家的忌恨。1932年陈有利趁陈济棠驻揭阳的张瑞贵师调动，贿赂其团长拉“榕江”号运兵往海丰碣石，驶抵海丰滨海处时，将船撞沉。林开守为了船的沉没，又遭军方追究其责任，因而官司打输而破产，只得与人合资另租“吉安”号客轮，继续往来于汕、揭之间。

陈济棠长粤时期，曾出现较稳定的局面，经

济有一定发展,全县各式木船达数千艘。经常航行于揭、汕间的客轮，有“大埔”、“大华”、“大昌”、“太平”、“济川”、“济洋”，由本县人集资的有“永安“、“永平”、“大益”和租用“广州”、“广平”等号以及林开守合资的“吉安”轮等。此外，还有十余艘航行各圩镇的电动小客轮。至1938年,为揭阳水运全盛时期。抗日时期,汕头沦陷,水陆均被封锁,汕、揭交通遂基本停顿。

“无子西瓜”的培育者黄昌贤

马景曾

1938年，世界上第一个无子西瓜在美国土地上培育成功了。这位被誉为“无子西瓜之父”的人，就是当时美国密执安州立大学研究院的果树研究生黄昌贤。美国各大报刊纷纷以中国人育成无子西瓜为题，刊登了这个在生物学界研究实验成功的事迹。黄昌贤原籍广东佛岗县，现任华南农业大学教授、园艺系主任,是一位著名的热带果树专家。

他在美国留学时，美国的一位植物生理学教授，曾用人工合成激素试验，育成了无子茄子、辣椒、西葫芦和一些观赏植物。但对于具有更高经济价值的瓜果，如无子西瓜等则未能成功。黄昌贤虚心考究这位教授的成败过程,终于成功地培养出前所未有的无子西瓜。这位美国教授最初还不信,且表示轻视和讥讽。当黄昌贤把怎样取得成功的经过与理论,向他详细说明,他才十分钦佩,于是和黄结成莫逆之交;在他自己的论文里也引用了黄昌贤的研究成果。

画人李瑶屏及其武功

刘华庵

李瑶屏又作耀屏，名显章，又名文显，晚号小榄山樵，中山小榄乡人。擅花鸟、虫鱼、山水、人物。山水私淑吴石仙，善雨景，以米芾泼墨横点，参以西洋透视法，好以浓墨作烟雨图，有萧远迷蒙之致。后师法四王及北宗诸派，去吴石仙之俗气，故其画独具风格。论者谓：瑶屏画雄迈处布局周密，犹之舞剑，进退顿挫间，中兼柔术，令人赏玩不尽。又其气韵秀逸处，仿佛骚客临轩，悠然绝俗云。

民国初年，瑶屏参议民军司令王和顺幕，后

绝意仕进，与广州画人组织癸亥合作社(后改为国画研究会)，以画任教于广州市立师范学校，私立南武中学及美术专门学校。其弟子黄君璧、吴梅鹤，女弟子郑漪娜、林妹殊等均名于世。

瑶屏童年曾习技击，能举百斤。画成，遂不复谈武事，惟日习不辍，与白鹤派宗师三水吴肇钟交厚，艺逾湛深。

某年，广州大巡游，游人云集双门底一带，忽然一摩托车飞驶而来，途人辟易，有被挤倒者，群众止之，车仍奔驰不已，状甚危殆，瑶屏忽飞腿将车踢出丈外，群皆鼓掌欢呼。瑶屏体瘦而弱，文质彬彬一书生耳，而有此膂力，可知其功底深厚。

广东最长的龙舟歌

冼玉清

龙舟歌是广州的民间说唱形式之一，有很广泛的群众基础。由老艺人手持长柄的木制小龙舟，一面敲打小锣鼓，一面演唱，沿门卖艺。歌词内容，多是扬善、祝福或民间故事。这种说唱形式，到了辛亥革命前夜，便自发地和当时的革命斗争结合起来，出现了所谓“社会龙舟”(或称“政治龙舟”)，述评时局，抒发政见，鼓吹革命。我看到的“社会龙舟”中有宋四郎的《庚戌年广东大事记》(以下简称《大事记》)一篇,刊载于1911年出版的《六年大事记》中(省港三余书店编印)。全歌分二十六章,长约一万二千八百七十字,是空前的长龙舟歌了。

宋四郎(1875—1960)原名季绢,鹤山人。他的这首《大事记》概述了1909及1910年两年间广东的政治事件,如抨击清廷的假立宪,揭发粤汉路的腐败,颂扬新军起义,讽刺议员庇赌,鼓吹剪辫等等,无所不包。由此可以想见当时广州革命风气确是很浓厚的。

《大事记》作为民间文学作品来阅读,固有一定价值;而欲知辛亥革命前夕的广东社会生活面貌,也可作为参考。

岭东美术会和《美术杂志》

黄大德

岭东美术社成立于1921年之初,后因要求入社者众,把社改为会。发起者为陈幼南、杜汉章,他们毕业于刘海粟办的上海美专。该会的宗旨为研究美术,改良社会。会址设汕头岩天道学堂,会员每年要交作品两张,以供择优陈列,每年开展览会一次,并有定期的美术讲演会。

岭东美术社,曾编过《美术周刊》。改社为会之后,《美术周刊》易名为《美术杂志》,首期是由

《周刊》汇编而成。是十六开本，道林纸印刷，文字共一百〇六页，并有彩色画页，印刷精美。是期封面彩印洪野画作《我的宝宝》。首页除《发刊词》、《序言》之外，还有刘海粟"现在中国没有美术真不得了"之题词。集内还收入不少当时画坛名家的文章，如：郑锦的《后期印象派》、蔡元培的《民初美术的装饰》、吕凤子的《色油画法》、《画什么》等。

此外，还有会员所写的《色彩学》、《透视学》、《研究美术为什么要绘裸体画》、《考察日本美术之我见》、《照相指南》等文章多篇。

至于美术作品，除了法国画家路丁和刘海粟的速写外，还有会员之水彩画、铅笔画、油画、钢笔画、木炭画的习作。

何绍基作客揭阳

孙淑彦

同治九年(1870)金秋时节，号称"海内一枝笔"的何绍基太史，在旅粤期间，应同僚友好丁日昌之邀，风尘仆仆来到潮州府揭阳县。在客居揭阳期间，诗酒唱酬，留下了不少珍贵墨迹。

当年，何绍基与丁日昌同在曾国藩幕下共事，两人私谊甚笃。同治四年(1865)，丁任苏淞太兵备道时，于上海道署后辟一花园，邀何绍基、莫友芝等共宴园中，何为题园榜“絜园”二字，并亲撰《絜园记》，力扬日昌外交政绩。文中有“持议侃侃，每以去就争之，夷人为之夺气。非胸中皭然不泽而能之乎！”可知丁、何二人，私交之厚。

同治九年(1870)三四月间，丁以母忧开缺回籍。时何正客穗，丁以轮船载荔枝至羊城相赠。何喜报以诗云：

岭南荔枝带露来，轮船之利空千载。

又云：

醉归踏月正苦渴，得此何减琼浆耶。

丁和答云：

世间无毁那得誉，玉液琼浆自声价。

秋间，绍基应日昌之邀，取道东江，作揭阳之游。绍基抵达揭阳，下榻于县城东门丁氏之百兰山馆。丁氏喜藏书，馆中多庋宋元精椠，复艺兰近百余事，一室皆香。宾主日夕相与徜徉其间，浸淫群籍。时复与揭邑士绅作文酒之会，极一时之盛事。晴日，于门前泛棹，过南滘，入榕江，游览丁家花园。园中饶水石清华之胜，亭榭桥栏，荷池柳岸，绍基顾而乐之，乃爰笔为园门书一楹联：

钓水采山，暂借此为消遣地；

桑田沧海，几多人作感怀诗。

绍基留揭阳半月，在揭期间，所书联语、屏条，不下二三百帧，至今邑人家中，尚多珍藏其墨迹者。

画人赵浩公

赵瑞仪

赵浩公(1881—1948)字士毅,一名漱石,号牛口,别署石佛,广东台山人。历任广东勷勤师范大学、广州市立美术专科学校、中山大学等高等院校的国画教授,国画研究会的主要发起人之一,并创办南山画社于广州司后街(今越华路),毕生精力用于国画的研究、创作和教学。

赵浩公在国画的技法上,师法北宗,工山水人物,尤擅花鸟。他一生画作甚丰,但随写随为爱好者收藏。他经常举办个人或集体画展,远至美国,欧洲也有不少他的作品留传。所著《花鸟画法》一书,为20世纪初至40年代广州画坛的北派画家所遵奉。

赵浩公幼时从学于王竹虚,学艺态度严谨,凡遇古代名作巨制,必细加临摹,不分南宗、北宗、院体、或工或意,广采博收,对各派传统笔墨技法都有深厚的基础,在古画的摹仿复制上,达到以假乱真的程度。他的画作,在用笔和立意上都有独到境界。用笔则求其超卓浑化,着色则求其沉着调和,立意则求其雅而能厚,古而能新。

赵浩公不但精于绘画,而且金石篆刻也造诣很深。他的印章秦篆则崇尚整齐规矩,庄重典雅;朱文则秀雅清丽;白文则朴厚浑融。至于他自己的闲章,更是各式各样,多姿多彩。同时,他对诗词亦颇有研究,字也写得苍劲。因而在他的作品中,诗词、书法、金石,相得益彰。

宝汉茶寮与丘逢甲诗

涂　续

丘逢甲《岭云海日楼诗抄》卷十二的《宝汉茶寮歌》写道:

> 青山不幸近城郭,万坟鳞葬成痏疮。安知近郭无完坟,前者已掘后者藏。每遭兵燹尤不幸,攻城筑垒多夷伤。抛残万骨没秋草,圹砖墓石墙营房。君不见五羊城外山上坟,明碑已少况宋唐。千年忽出买地碣,玉骨久化黄尘扬。上花洗出南汉字,传之好事珍琳琅。当时邑里藉考证,其奈书劣文伧张。清明风吹花草香,出门拜山车马忙。茶寮杂坐半伧父,谁吊扶风廿四娘。

宝汉茶寮原址在广州小北门外下塘的村道旁。棚寮草舍,傍着菜田篱落,略有竹木和泉石野趣。每年当清明扫墓,重九登高,过往的人趾踵相接。不论是喜爱幽静的雅士,或者是丘逢甲诗中所说的"伧父",登门杂坐,白酒黄鸡,无不尽兴而去。

创设宝汉茶寮的是晚清时人李承宗。李字月樵,是广东学者曾钊的外孙。他读过许多书而以农为业,在城郊躬耕力作。咸丰时偶因掘地发现一方碣,是南汉马氏二十四娘买地券,开头所刻文字是:"维大宝五年岁次壬戌……大汉国内侍省扶风郡殁故亡人马氏二十四娘……"按"大宝"是五代南汉主刘鋹的年号,大宝五年为公元962年。宋太祖开宝四年(971)派大将潘美讨平南汉,刘鋹归降。马氏二十四娘买地券石刻下距南汉灭亡只有九年,出土时已是九百多年的文物。城北的墓群历经迁掘,正如丘诗所说"明碑已少况宋唐",忽然出现这方南汉古刻,自然十分可贵。同治十二年(1873),广东布政使杨翰观赏了石刻之后,为李承宗开设的茶寮题名"宝汉",隐含南汉大宝年号,这就是宝汉茶寮得名之始。李承宗初时将石刻摆设在茶寮,供客人鉴赏,丘逢甲所见当是原物。后来原件被收藏起来,仅陈列拓本,但仍吸引了不少茶客。

广州电影之初

龚伯洪

约在1903年,广州长寿街(今长寿路)的高升茶楼首先放映电影,老板是归国华侨,拥有一部电影放映机和几本风景片,他把这些新鲜玩艺公诸于众，自然引来不少茶客。于是有一些茶楼也放映“映画戏”，以广招徕。后来最先出现的固定电影场则是清风桥畔(今新华电影院附近)的“通灵台”。这家映画戏院最初只开日场，光源靠几面大镜把屋顶的阳光折射到放映机处，再用聚光镜把光束通过影片照到银幕上，放映机是手摇的，据说每放罢一场，摇机人便气喘如牛。

此后，放电影的场所逐渐增多，如长堤的一景酒家、河南的洞天茶楼、十八甫北的“民智”和海幢公园对面的“智育”等。这时已有用电石灯作光源了，所以增设夜场。

1924年冬，香港民新制片公司在广州西关建了个摄制影片场，替当时的革命政府拍了一些纪录片，还拍了部故事片《胭脂》。过了几年，有声电影传入广州，观众大增，较正规的电影院就不断涌现。那时广州的一流电影院有“明珠”、“新华”、“金声”等。“金声”还发明了“冷气”——用鼓风机吹冰块，通过管道将冷风注入场内。这种“冷气”也很顶事，一时为人津津乐道。

但解放前开电影院，烦恼却不少。警察、士兵或是黑社会中人要看霸王戏(不买票)，稍有得罪便会遭殃。1935年，一群便服空军到“明珠”看“霸王戏”不遂，立即报复，竟开来两架飞机到影院上空低飞威胁，吓得当天广州各戏院统统关门。1947年，“大华”(南方剧院前身)放映美国片《铁骑劫美》，因得罪警察，走片员被半途截住，连片带人拉入警察局。观众看了上截没下截，闹了起来，后社会上讥笑此事为“铁骑劫片”。一些影院还被黑社会中人勒索，若不答应便在影院中暗放定时炸弹。如新华电影院就曾遭此劫，可怜一些观众被炸得血肉横飞。

高剑父为居廉立传

黄纬堂

1913年初，岭南画家高剑父为其师居廉写传，刊于上海《真相画报》，是为居廉传记文字见诸报章之始，后之笔谈居廉者多资之。其全文云："居古泉先生廉，番禺隔山乡人也，因号隔山樵子。为梅生先生介弟。善写生，作花鸟虫鱼栩栩若真，盖体物恒有妙悟，故能得其神似。间为山水仕女，亦各极其妙。少游桂林，寻峰涉岭，必造幽峻，山川灵秀，领略靡遗，故所作多奇岩峭壁，丘壑古奥，与时异趋。中岁返粤，下榻东莞张氏道生园。搜萃奇花异卉，专事写生，运笔秀逸，着色艳冶，自成一派，前无古人。较宋之曾无疑，明之陆元厚，殆有过之。生平喜作汗漫游，偶见一鱼一鸟，虽逾月忆摹，纤无差异，矧多作前人所未经作。花卉深得南田遗意。尤爱作小品。尝画百花、百果长卷，含露迎风，雅秀绝俗。复有七十二昆虫便面，用笔虽纤若牛毛，而神韵则飞动欲活，闽粤之间，视等珍宝，盖吾先生生平杰构。由是画子闻名咸集，执弟子礼者逾百人。闽粤画

家，于是有'居派'。晚年，喜仿复堂、丽堂两家。尤多画石，作有《百石谱》，惜未付梓。每暑届，辄作罗浮游。尝入道黄龙观，故有'罗浮道人'小印。复有压角小章，镌'可以'二字，遇得意作，则作钤之。嗣筑小园于隔山，有花竹鱼鸟之胜，自颜曰'啸月琴馆'。粤中士夫僧侣，咸集其间，每食，恒满座，豪情逸致，不可一世，因有'小孟尝'之目。每至岁暮，必于灯下挥墨梅数册，分赏佣仆，易资度岁。其天性好画，至老弗衰。年八十有六而卒。配倚兰。子槎，女少兰，从子燧，从女庆，从孙熙，皆能画，有先生风。门人高仑谨识。"

居廉生于道光八年（1828），光绪三十年（1904)逝世。

李雪芳与陈述叔

王参元

粤剧之有坤角，自李雪芳始。李以演《仕林祭塔》名于时。词人新会陈述叔尤喜雪芳歌，每登台，述叔辄携壶觞以俱，至响遏行云之际，必浮一大白，引吭喝彩。时翰林伍叔葆亦捧之，且延诸名士如吴玉臣、张汉三、区季恺等十数辈，各赋诗以赠，述叔亦填词十余阕授雪芳。会华北赈灾，雪芳应上海南洋兄弟烟草公司简琴石之聘，赴沪义演，随携粤中名流所贻诗词俱行。抵沪，戏园门前高悬花额，颜曰“北梅南雪两芬芳”，并张诗词于两侧。是夕，海上名士大宴雪芳于粤人甘翰臣之非园，朱彊村在座，睹榜书而讶，窃谓“何方尤物，能与吾梅郎比美耶?”披阅吴、张诸人所赠诗词，无当意者，及读述叔诸什，乃叹曰：“并世词流，惟况夔笙可以抗手乎，吾几失述叔矣！”遂手录归以示夔笙。夔笙不顾，曰：“当今海内，孰能与吾侪匹耶！”迨姑读之，乃大骇，始知南国尚有人在也。遂赋《鹧鸪天》词宠之，其上半阕云：“桃李为容雪作肤，本来珠海出明珠。十年看舞听歌倦，脆管帘栊一起予。”雪芳声誉，坐是雀起。后彊村刻述叔《海绡词》于其丛书中，并乞黄晦闻为之序。序中有言：“以彊村词宗当世而称述叔词，且为刊而传焉，则知其词之有可传也。述叔穷老授徒郡居，微彊村，世无由知述叔者矣。”而彊村亦有《望江南》词云：“雕虫手，千古亦才难。新拜海南为上将，试要临桂角中原。来者孰登坛?”此1923年间事。至1929年，邹海滨接长中山大学，央彊村来粤授词，彊村固辞，荐述叔以代。

赤社易名尺社

黄大德

1921年10月，胡根天、陈丘山、容有机、徐守义、梅与天等从日本留学归来的画人，于广州组“赤社”，是广州真正研究西洋美术的第一个团体。该社开画展，办学校，对民初广州西洋画的发展作出了很大的贡献。

“赤社”之定名，有两重意义：一为赤色在色彩心理学上表示热烈、诚挚、积极、刚强；二是古书上说南方属火，其色赤。但在 1927 年国共两党分裂后，蒋介石、汪精卫对共产党人大起杀机，一时间，“赤学”、“赤化”、“赤色恐怖”之类的名词四起，赤色便成为杀身之祸基。于是“赤社”遂受株连，被广州公安局封闭，勒令解散。后胡根天据理力争，然后改名“尺社”，保持原音。但何时改名，则有数说。据《广州百年大事记》称，是在 1928 年 11 月 30 日。据 1930 年尺社第九次绘画展出之《尺展目录》，则谓在改名时间应为 1928 年 3 月。因为是年 3 月 6 日《民国日报》载的《赤社易名尺社》之广告：

> 本社原名赤社，成立有年，纯以研究艺术为宗旨，未尝涉及其他事项。惟于此潮流，社会人士于赤字或有不察，易生误会，业由社务会议决定易名为尺社，此后尺社即原日之赤社，邦人君子尚希鉴察。

南社诗人广东籍最多

曹思彬

柳亚子、陈巢南、高天梅等于清宣统元年(1909)创办南社，是在国内很有影响的文学团体。起初只有十七人,后来发展到数百人,最后达到一千余人,维持了二十七年之久。

据有关文献资料记载，南社诗人以广东籍为多,其中有不少是国内负有盛名的。例如黄节(晦闻)是诗人、教育家,顺德县人,著《蒹葭楼诗》二卷。当时陈述叔擅词,故有“黄诗陈词”之称。苏曼殊中山县人,以诗歌、小说、散文见长,有《苏曼殊全集》。易大厂(孺)号韦斋,鹤山县人,多才多艺,著《大厂词稿》、《和玉田词》。邓尔雅东莞县人,除诗词外还长于书画篆刻,著《绿绮园集》。陆丹林(非素)三水县人,著《中国现代艺术家像传》,诗以清新著名。潘兰史(飞声)番禺县人,以词见胜,著《梧桐庭院词》。马小进(骏声)台山县人,著《鸦声集》。林百举(钟嵘)梅县人,任上海《太平洋报》编辑,南社诗人的作品多在该报发表。

1935 年 6 月,南社广东分社成立,诗人中有朱谨侯(梅县)、谢国华(梅县)、邓桂史(东莞)、叶敬常(顺德)、铁禅(广州)、卢友桓(新会)、陈兆年(南

海)、张倾城(合浦)、李哲(番禺)、黄蕙(鹤山)等,总计约四十多人,盛极一时,为南社作出应有的贡献。

居巢之《可园诗》

萧　元

东莞可园,道光三十年(1850)建。占地仅三亩余,而厅堂楼阁、池榭桥亭、嘉树奇花,联接紧凑,密而不隘,布置经营,繁而不俗,为粤中四大名园之一。园主张敬修,好金石书画,常会名士于园中,如徐三庚、张维屏、陈良玉、郑献甫等,均为上客。其中以居氏梅生、古泉兄弟客园中最久,明窗净几,作画吟诗,至今人犹乐道。梅生诗平淡雅健,园中景物,多有题咏,如《环碧廊》云:

长廊引疏阑,一节一殊赏。
茉莉收晚凉,响屧日来往。

《曲池》云:

一曲滃烟波,风荷便成赏。
小桥如野航,恰受人三两。

《滋树台》云:

露台养名香,疏篁量风日。
时见种树人,乐与共晨夕。

《花之径》云:

开径不三上,回旋作之折。

人穿花里行，时悄惊蝴蝶。

《问花小院》云：

问花能解语，但愿惜韶华。

莫似平章宅，花时不在家。

《可堂》云：

新堂成负郭，水木恰幽偏。

未妨丝与竹，陶写未中年。

《博溪渔隐》云：

沙堤花外路，高柳一行疏。

红窗钓车响，直似钓人居。

《可舟》云：

渔父不浮家，何可无此屋。

省却买邻钱，邻此烟水窟。

《可亭》云：

三分花外行，台榭枕烟水。

片席占鸥波，长桥小亭子。

《茉莉田》云：

行疏苞乃畅，耕深气乃达。

罢官种花好，知究区田法。

《邀山阁》云：

荡胸溟渤远，拍手群山迎。

未觉下土喧，大笑苍蝇声。

张敬修《擘红小榭记》有云："可园既罗致佳品，杂植成林，乃为榭于树间，以待过客。"故梅生咏小榭云：

十年种树迟，一夏名园住。

频欲摘得新，差免此腹负。

梅生名巢，颜所居曰"今夕庵"。画工花鸟草虫，笔致工秀，宋藕塘所传也。诗为画名所掩，著有《昔邪室诗》、《烟雨词》，并有《读画绝句》三十四首。

仿古、临摹与抄袭

黄大德

仿古、临摹、抄袭，都是把古代或别人的画拿来画抄，从构图到色彩、笔墨，无一不求酷似，而不同的是在落款上。仿古的按原作的题款包括印章照仿不误，临摹的老老实实地署上“仿××笔意”；抄袭的则改署自己的大名。清末民初，广东画坛仿古、临摹与抄袭的现象皆十分盛行。

仿古的高手，初有赵浩公、卢振寰、卢子枢，后有黄般若等。赵浩公善仿宋人花鸟及唐宋人物。卢振寰善仿宋朝北宋山水，如马远、夏圭、李唐、肖熙以及一些小名家的画。卢子枢则是仿四王风格的高手，尤以仿石谷为最。至于黄般若，十岁即能仿八大山人的画，在双门底出售，后来多仿唐朝人物和新罗山人的花鸟。这几位画人，从绘画到刻印写字装裱样样皆精，但以赵浩公为最权威。他们的制作，主要是卖给上海和北京的古董商，然后再转销日本及欧美，所以日本及欧美出版的或收藏的唐宋元明清的画，有不少是赵浩公他们的作品。由于他们仿古的功底精

深，所以后来的创作亦别有一格，自成面目。尤其是黄般若，在20世纪50年代的绘画已完全摆脱了传统的风格，形成了完全是属于自己的独特的画风。

临摹是画坛最普遍的现象，不仅广东，全国皆然。因为临摹是学习传统笔墨的必由之路，就算成名之后，由于对某人某画的酷爱但又不能得，便自然会临下玩赏。但清末民初广东画坛临摹成风，有两个原因：一是部分画人食古不化，讲求笔笔有来历，笔笔有出处；二是大多画家受经济困扰，无法从行万里路中获得创作素材。故令当时的画风日益不振，毫无生气。

至于抄袭，当年也屡见不鲜。时潮流所至，不少人东渡留学，画人亦不少，归国后常开画展于广州，其中一些人带回了日本的画风，也带来了抄袭日本画的歪风。抄袭之法甚多，有的整张抄，有的同时抄两张(各抄上部和下部)，有的反过来抄，有的抄局部。广州是中外文化交流的要道，其时不少人对日本画、西洋画早有深刻研究，一看便知哪些是抄袭剽窃之作，并不时在报上加以披露。

1926年黄般若曾写《剽窃新派与创作》抨击抄袭。

1928年，香港《非非画报》曾揭露，广州某画家抄了一张十五年前外国圣诞咭上的一张画拿出来展览。事有凑巧，此咭该年又再度上市，弄得那画家手忙脚乱，要把那咭买尽。一书庄的伙计知道后，留下两页，敲了他小小的竹杠。

1934年，三画家在长堤青年会开速写展，亦被人揭露：出品只有十分之四是速写，其余实为在日留学时的临摹画稿。

抄袭之风，在20年代曾在广州画坛引起了一场极大的风波，至40年代末，人们还记忆犹新，不时予以抨击。不过，那时抄袭日本画的现象已渐少了。

师娘和《八大曲本》

鲁　仪

师娘是广东人对失明女艺人的敬称，民间谓之“盲妹”。

师娘所度曲，一般以木鱼、龙舟、南音为主。到了清代中叶，粤讴流行，演唱者，自操月琴或琵琶，曼声缓引，清响纡余，为人们所喜爱。广州乐部，向分外江班与本地班。经过了长时间的社会筛选和加工，形成了为师娘所特有的与舞台班本“同曲异工”的《八大曲本》，这才使师娘们的艺术生命得以继续延长下去。

《八大曲本》是从粤剧舞台班本移植过来，经过存精去粕、精细加工之后的“套曲”。曲目是：《黛玉葬花》、《六郎罪子》、《辨才释妖》(又名《东坡访友》)、《百里奚会妻》(又名《卖雁寻父》)、《附荐何文秀》、《雪中贤》、《鲁智深出家》(又名

《李忠卖武》)和《弃楚归汉》。这八本套曲，有它们独特之处，与舞台演出不同：一、只有唱词，没有科白；二、严格依照传统角色唱腔；三、用传统舞台官话演唱，不用广嗓；四、每曲均有固定唱腔，音色、技巧要求工细；五、伴奏音乐，讲究板面和过门；六、敲击乐器不废"介口锣鼓"等等。

由于听众的要求不同，《八大曲本》分为羊城和佛山两个流派。羊城以文化、经济中心的老城区和西关区为重点，佛山以工商业区和广大的农村区为重点。因此，两个流派在风格上便有些不同。如：羊城派只唱曲而没有科白，佛山派则以科白来加强气氛。羊城派唱腔力求细腻，佛山派则简单朴素。羊城派伴奏音乐技巧以多变化、高水平为尚；佛山派则演奏技巧不大讲求(但其中一个《子喉慢板板面》称为《佛山板面》的，旋律优美，羊城派用之为漂毋的专用板面)。佛山的民间音乐，传统以敲击音乐著名，故《八大曲本》中的敲击音乐，以佛山流派为胜。此外，羊城派的师娘，只会以月琴或琵琶加入伴奏(水平低的乐队则为领奏)，而佛山派师娘则"五架头"乐器(连敲出乐器)件件皆能。因为羊城师娘唱《八大曲本》，照例另延专业乐队伴奏，而佛山则由师娘们自组乐队伴奏。

后　记

《岭峤拾遗》是《新编文史笔记》丛书第四辑广东分册，为《粤海挥麈录》的姐妹篇，由广东省文史研究馆主编。

广东地处岭南，历来中外交流密切，华侨众多，具有独特的文化特征。近现代以来，粤海大地风云际会，得风气之先，孕育了中国资产阶级民主革命，并涌现出了一大批仁人志士及趣闻轶事，为本书的编撰提供了广阔的天地。

《岭峤拾遗》按照丛书编辑要求，题材内容以文史方面为主，时间跨度从清末民初至中华人民共和国成立前为止。我们从数百篇来稿中，筛选出一百三十余篇美文，分设十一个栏目。这些文章内容包罗万象，真实可信。笔记因有补正史遗缺的要求，故许多内容鲜为人知，加之文字隽永含蓄，读来颇引人入胜。

《岭峤拾遗》编撰成册，凝结着全馆同仁的

心血，有的馆员不顾年老体弱，做了大量的文字工作。本书承蒙社会各界人士大力支持并惠赐鸿篇，又蒙特约编审富寿荪先生审阅修订，在此一并深表感谢。

由于水平所限，书中难免会有疏漏，敬请读者不吝赐教。

本册编委组成人员：李俊权、黄炳炎、吕器、司芳、陈小江、贾德坤、黄伟强、陈子殷。

编　者